LE
PROTESTANTISME

À JARGEAU

De 1601 à 1685

D'APRÈS DES DOCUMENTS TIRÉS DES ARCHIVES DÉPARTEMENTALES

ET DES ARCHIVES MUNICIPALES DE LA VILLE D'ORLÉANS

PAR

P.-A. LEROY

ORLÉANS

H. HERLUISON, LIBRAIRE-ÉDITEUR

17, RUE JEANNE-D'ARC, 17

1898

10361.

(19)

orléanais

hommage sympathique
Leroy
Centre

300 F-

LE PROTESTANTISME

A JARGEAU

De 1601 à 1685

D'après des documents tirés des Archives départementales
et des Archives municipales de la ville d'Orléans

PAR

P.-A. LEROY

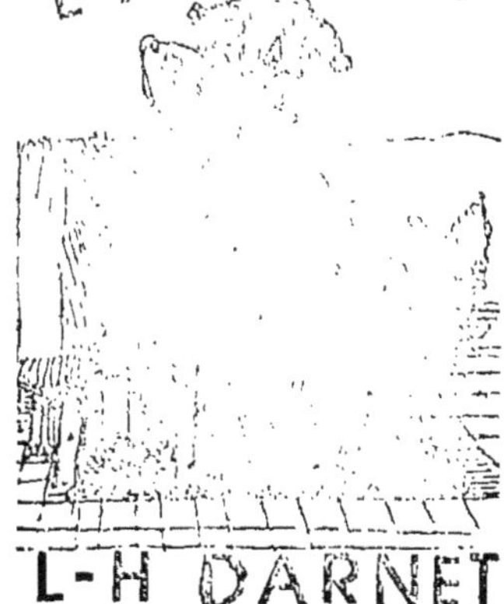

ORLÉANS

H. HERLUISON, LIBRAIRE-ÉDITEUR

17, RUE JEANNE-D'ARC, 17

—

1898

TIRÉ A 150 EXEMPLAIRES

LE
PROTESTANTISME A JARGEAU
De 1601 à 1685

Après avoir été en possession des ligueurs puis réduite sous Henri III, la petite ville de Jargeau était devenue, à l'aurore du xviie siècle, un centre important d'occupation pour les Protestants. En 1601, le duc de Sully en avait le gouvernement. Cette circonstance et le voisinage relatif du château qui lui appartenait expliquent les raisons pour lesquelles les huguenots tinrent cette année en 1601 à Jargeau un Synode national. Quarante-quatre députés de leurs églises au moins affluèrent de toutes parts dans la petite ville (1). Les hôtelleries et les maisons particulières furent affectées à leur logement.

(1) Liste des députés, avec le lieu où ils exerçaient :

Pasteurs et ministres.   *Anciens* *

Ile-de-France, Picardie et Champagne.

Pasteurs et ministres	Anciens
Antoine de la Faye (Paris).	Josias Mercier, sieur des Bordes (Paris).
Jean Liévin, dit de Beaulieu (Avergne).	Pierre de Navetet, sieur de Doches (*id.*).

Orléans, Berry, Blaisois et Nivernais.

Pasteurs et ministres	Anciens
Adam d'Orival (Sancerre).	Claude Melan (Orléans),
Joachim du Moulin (Orléans).	Samuel Chambaran (Romorantin).

 * Les principales fonctions des anciens, dans les églises protestantes, étaient la visite des pauvres et des malades, la lecture au temple, la fourniture du pain et du vin de la Cène, l'obligation de tenir à la porte du temple la bourse des pauvres, le service divin (sauf l'administration des sacrements) en cas d'absence prolongée du pasteur, le droit de censurer le pasteur au consistoire. Les anciens avaient des places spéciales au temple et pouvaient communier sans méreau.

Parmi eux nous remarquons Joachim Du Moulin, ministre d'Orléans et père du célèbre controversiste Pierre du Mou-

Normandie.

René Blanchard (Rouen).
Jean Eude (Bayeux).

Jacques du Hamel, sieur du Parc (Alençon).
Guillaume de Maintre (Bolbec).

Bretagne.

Jean Parent, sieur de Préau.' (Vitré). Il comparut le 19 mai.

Dauphiné et Principauté d'Orange.

Daniel Chamier (Montélimar).
Jean Perrin (Saint-Bonnet).

Marc Deurre (Courtaison).
François de la Courbe (Saint-Marcellin).

Bas-Languedoc.

Jean Gigord (Montpellier).
Simon Codur (Uzès).

Isaac Chirou (Nîmes).

Basse-Guyenne.

Jean Redon, dit de Montbazon (Issijac).
Jérémie Bançons (Tonneins).

Christophe Fortou (Bordeaux).

Poitou.

Jacques Clémenceau (Poitiers).
André Rivet (Thouars).

Isaac Verron (Poitiers).

Haut et bas Vivarais.

Jean Valeton (Privas).

Daniel Alison (Salevas).

Saintonge, Angoumois et Aunis.

Georges Pacard (La Rochefoucauld).
Laurent Pollet (Jonzac).

Pierre Bernard, sieur de Faurezac (Cognac).

Anjou, Touraine et Maine.

François Grelière, dit de Masefer (Saumur).
Abel Bedé (Loudun).

Jean Douchor (Angers).

Provence.

Pierre Chalier (Seines).

Honoré Brignole (Brignole).

Bourgogne, Forez et Beaujolais.

Coline (Paray le Monial), ministre (?)

Antoine Brocard, président de la Cour des comptes de Dijon (Dijon).

lin (1). Dès le 9 mai, le Synode procéda à la constitution de son bureau. Georges Pacard, ministre de la Rochefoucauld, fut choisi comme Modérateur (président). On lui donna pour adjoint le sieur de Beaulieu. Daniel Chamier et Josias Mercier furent élus scribes. Les décisions du Synode firent l'objet de nombreux articles, répartis en six chapitres, savoir : Examen de la confession de foi, revision de la discipline ecclésiastique, appellations (sic-appels des sentences des Synodes provinciaux), matières générales, distribution des 39,500 écus provenant de l'octroi de Sa Majesté et des 3,000 écus envoyés par le sieur Pallot, commis à la recette générale des deniers du roi. Le lecteur n'attend pas de moi que je fasse passer sous ses yeux le long procès-verbal du Synode national. Je me contenterai de marquer, sans m'y arrêter, trois particularités importantes, l'un au point de vue provincial, les autres au point de vue de l'histoire générale : la nomination de Laurent Bourguignon à Mer, la préoccupation que les députés des Églises manifestèrent au sujet des écrits des docteurs catholiques, et en particulier des Jésuites, et enfin l'importance que ces mêmes députés attachèrent aux

(1) Joachim du Moulin, né à Orléans en 1538, avait été ministre à Mosny, Cœuvre et Saint-Pierre-Aigle. « En 1595, il fit le voyage d'Or-
« léans pour prendre part à une assemblée des chefs de famille de la
« ville qui s'étaient réunis pour arriver aux moyens de redresser leurs
« églises, ils l'invitèrent à leur donner une prédication, et après l'avoir
« entendu ils le prièrent de rester leur pasteur. Il accepta et vint se
« fixer à Jargeau. » (France protestante). Il fut invité, en 1601, par le Synode national, à « venir faire sa demeure à ladite église d'Orléans ». Il termina ses jours vers 1618, trois ans après avoir obtenu son congé du ministère (eodem loco). — Quoique habitant Jargeau, Joachim du Moulin, en 1601, n'était pas le pasteur de la localité. Ce pasteur était Michel Boucher, à qui on donna, en 1606, Alix pour adjoint. « En considération de l'assistance que ceux d'Orléans » avaient « reçue de la ville de Gergeau », le Synode national de 1601 ordonna que « les deniers de l'octroi de Sa Majesté, qui seront départis pour l'église d'Orléans, seront employés pour subvenir à l'entretien du ministre de Gergeau jusqu'au prochain Synode national. »

Académies de Saumur, Montauban, Nimes et Montpellier.
Enfin, après avoir pris ces longues décisions, on se sépara (1).

Ce fut le seul Synode national qui tint ses séances à Jargeau. Mais les Protestants y réunirent de temps en temps,
comme par le passé, des Synodes provinciaux et des
Colloques. Le premier des Synodes provinciaux que nous y
rencontrions au xviie siècle est celui de 1605. Évitant, autant
que possible, toute immixtion dans les discussions théologiques, nous relaterons uniquement que les députés nom-

(1) Le procès-verbal porte *in fine* : « Fait à Gergeau le 25 mai 1601. »
Une lettre fut adressée au Synode national par Casaubon. (V. Bibl. de
Berne, man. 142, n° 5, folio 2. *Pastoribus ad synodum Gergoviæ congre-
gatis Isaac Casaubon*). Pierre de l'Étoile (*supplément au journal de
Henri IV*, 18 mai 1601) a résumé la traduction française de ce document parue vers la fin de ce mois. Le bruit avait couru que Casaubon
avait suivi l'exemple du sieur de Canaye et s'était converti, comme
lui, au catholicisme ; Casaubon assura le Synode qu'il ne se laissait
pas emporter « à chaque vent de doctrine ». La réponse du Synode
trahit l'irritation que les ministres avaient ressentie de l'abjuration
d'un personnage aussi considérable que Philippe de la Canaye, sieur
de Fresne, ancien ambassadeur, ancien président de la Chambre mi-
partie, arbitre dans la conférence de Fontainebleau comme Casaubon
et ami de ce dernier. — Il est encore question du Synode de 1601 dans
les *Mémoires-journaux* de Pierre de l'Estoile, septembre 1608 : « Le
« mercredi 24° M. Turquet, auteur de l'*Histoire d'Espagne*, homme de
« bien et docte, et fort zélé pour la réunion et réformation de l'Église,
« me vinst voir et estant, dans mon estude, entré sur le discours de ce
« subject, m'apprist tout plain des choses que je ne scavais, propres
« pour l'acheminement de ce sainct œuvre, que je croi que tous les gens
« de bien désirent. Et promist me faire voir un advis là-dessus envoié
« par lui, il y a longtemps, au Synode de Gergeau, où le roi eut quelque
« envie (mais elle lui passa bientôt) d'y faire proposer et traiter à bon
« esciant les moiens d'y parvenir ». — Par une lettre du 7 mai 1601 « à
Messieurs du Synode nationale des églises de France, tenu à Gergeau,
Duplessis-Mornay s'excusait de ne pouvoir venir leur soumettre des
« choses qui ne se peuvent traiter si commodément par escrit » et les
priait de favorablement entendre ce que le sieur Audevoust leur propo-

mèrent pour modérateur de l'action M. du Moulin, et pour recueillir les actes M. de Monsanglart (1).

En 1606, grâce à la protection de Sully, les Protestants obtinrent l'autorisation de construire un temple à Jargeau, à charge par eux de rétablir à leurs frais sur le pont une petite chapelle détruite pendant les guerres de religion. Le 14 octobre de cette année, on procéda à l'adjudication au rabais de ces deux édifices, d'après le devis de Claude Johannet, maître des œuvres de maçonnerie d'Orléans. Lazare de Ramezay, lieutenant au gouvernement de Jargeau, se rendit adjudicataire, moyennant la somme de 3,000 livres, avec obligation de récompenser le propriétaire de la maison où devait s'élever le temple (2). Nous ne pouvons spécifier

serait de sa part. Le procès-verbal du Synode nous révèle ce dont il s'agissait. Henri IV avait commandé à l'Assemblée de Saumur de se séparer. Duplessis-Mornay, alors en disgrâce, n'avait pas cru devoir s'adresser directement au roi. Des députés envoyés par l'Assemblée de Saumur, les sieurs de Lumeau et d'Audevoust, sollicitèrent l'intervention du Synode de Jargeau. Au nom des ministres et anciens des églises de France, Chamier et de Maravat allèrent faire les démarches demandées. Mais il leur fut répondu « que l'intention de Sa Majesté était qu'on obéît « sans délai à son commandement qu'elle avait fait de séparer ladite « assemblée et qu'elle permettait à tous ceux qui voudraient porter « leurs plaintes et leurs requestes par devant elle d'avoir eu deux dé- « putés à sa cour, et que pour les nommer ladite Majesté permettra de « s'assembler ». — Les discussions théologiques soulevées par les écrits de Duplessis-Mornay furent aussi la cause d'une lettre officielle du Synode à la Compagnie de Genève. (Bibl. pub. de Genève, carton 199 aa 5). V. aussi *Histoire de la vie de Messire Philippe de Mornay*. Leyde, 1647.

(1) V. Bibl. nat., fonds français, n° 15,829 « actes du Synode provincial des églises réformées de la province de Berry, Orléans, Dunois et Nivernois assemblées à Gergeau le 24° février et suivant... ». 25 mai 1601. V. aussi Bibl. Prot., rue des Saints-Pères, 54, Paris.

(2) Lazare de Ramezay, sieur de Lumeau et de Villeprevost, devait sa situation à ses états de service. Il est mention de lui dans le compte du receveur épiscopal de Meung en 1588. Le receveur déclare qu'on ne pourra facilement obtenir de ce seigneur les redevances par lui dues à

l'endroit précis de sa situation, mais il ouvrait assurément dans la rue qui en a conservé le nom. Dépourvu de toute grâce et ne méritant aucun regret de l'amateur d'art, il comprenait un corps de logis de 150 pieds de long. La grande porte et les croisées étaient en pierres de taille. Les murs étaient nus à l'intérieur garni seulement d'une chaire et de sièges en forme de degrés (1).

Le 1er octobre 1608, en vertu d'un brevet du roi, les députés des églises protestantes de France se réunirent à Jargeau (2). On y remarquait le baron de Courtamine, originaire de Normandie ; Chauffepié, ministre à Niort ; le Rochelais Jean de Mirande ; le pasteur Février et le conseiller Pierre Lansard, de Nîmes ; André d'Orival, ministre à Sancerre ; Jean Bedé,

raison de sa métairie de Lumeau, « d'autant que ledit de Ramesay est en « l'armée des ennemis et les terres de ladite métairie non labourées ». Il fut fait prisonnier sous la Ligue. (V. Arch. mun. Orléans, cc 573. 1590-1592. Le capitaine Gaullier remontre que M. de Lumeau prisonnier pouvait être échangé avec MM. Le Normand père et fils). De Lumeau décéda, croyons-nous, en 1609. Sa veuve, assistée d'un domestique et du père du défunt, fit enterrer son corps dans le cimetière de l'église de Lumeau, quoique son mari fût mort dans le protestantisme. Se fondant sur l'Édit de pacification, François de Balsac d'Entraigues, gouverneur d'Orléans, rendit, à l'encontre de la veuve, une sentence prescrivant l'exhumation (V. Arch. dép. Loiret). — De Lumeau avait épousé Jeanne, fille de Charles Truchon (ou du Tranchet), sieur des Chasteliers. Il était d'origine écossaise, comme arrière-petit-fils de Claude de Rame-zay. (V. Hubert, *Généalogies orléanaises*, manuscrit de la Bibliothèque d'Orléans.)

(1) V. Arch. dép. Loiret.

(2) Les Synodes généraux avaient pour objet de régler les affaires proprement dites religieuses. Les Assemblées traitaient des intérêts temporels et politiques, des rapports avec l'État et de la conduite à tenir ; on en compte quatre de 1593 à 1608. Elles constituaient un privilège exorbitant. Quand les Protestants se réunissaient ainsi dans des Assemblées qu'ils appelaient eux-mêmes politiques, « ils agissaient, a dit « M. Guizot, comme une nation en face d'une autre nation et travail-« laient à former un État dans l'État ». — En dehors des Synodes

avocat au Parlement de Paris ; le sieur de Montlouet, de Balaran, ministre à Castres ; le sieur de Rovray (Bourgogne) ; de Lumeau ci-dessus nommé et bien d'autres. Le bureau fut composé du sieur de Montlouet, président ; de Balaran, adjoint, et Jean Bedé, secrétaire. Le duc de Sully, qui se trouvait le 1er octobre à Jargeau, fut salué, à l'entrée du prêche, par les membres de l'Assemblée. Il leur réitéra l'expression de ses sentiments de bonne affection envers leurs églises et offrit de les assister près du roi dans leurs demandes, pourvu qu'elles fussent conformes à l'Édit de Nantes.

Sully qui n'aimait pas le séjour de Jargeau et qui, quoique Protestant, redoutait les effets de ces réunions politiques (1), dut cependant venir à celle-ci et y entendre de vives réclamations. Non seulement on se plaignit à lui, par exemple, de l'atteinte portée par le sieur de la Ferté-Saint-Aubin à la liberté des Protestants de sa seigneurie qu'il avait contraints à tendre le jour de la Fête-Dieu et on demanda à Sully d'intertervenir à ce sujet près du maréchal de la Chastre, beau-père du sieur de la Ferté, mais de plus graves doléances écla-

généraux, il y avait les Synodes provinciaux comprenant chacun une ou plusieurs provinces du royaume. Au-dessous des Synodes provinciaux il y avait les colloques, synodes provinciaux en petit. Le colloque se réunissait, en principe, quatre fois par an. Il avait à régler, dit M. Paul de Felice, les moindres affaires communes, à examiner les proposants présentés par les églises de son ressort, et à les placer, à recevoir les appels des consistoires, à servir, en certains cas, d'intermédiaire entre les Consistoires et les Synodes provinciaux. Les Consistoires y députaient (comme d'ailleurs aux synodes provinciaux) un pasteur et un laïc.

(1) Sully ne demeura pas à Jargeau pendant toute la durée de l'Assemblée. Écrivant le 3 octobre 1608 à Villeroy, il se plaint des fantaisies de certains députés et dit que les choses n'ont pas pris forme, à cause que pour l'absence des anciens députés les autres n'ont pu s'assembler. Il espère que la volonté du roi prévaudra et parle d'une députation de l'Assemblée envoyée vers lui à Sully (les sieurs de Chambault, du Bourg, Gigort et du Ferrier).

tèrent à propos des places de sûreté, des difficultés mises par
le Parlement de Rouen à l'enregistrement de l'édit de Nantes,
du projet d'érection d'une chambre en forme de Grands jours
pour le ressort de Paris, Toulouse et Bordeaux, projet que
l'Assemblée considérait comme contraire aux dispositions de
cet Édit. Elle voulait, en outre, limiter la députation générale
à deux années. On décida de nommer des députés qui, ins-
truits par leurs prédécesseurs, présenteraient au Roi ces doléances et se joindraient à Sully pour obtenir satisfaction.

L'Assemblée émit la prétention de demeurer en perma-
nence jusqu'au jour de cette solution favorable. Sully n'igno-
rait pas qu'un pareil projet ne pouvait être agréable à son
maitre. Aussi fit-il son possible pour mettre obstacle à sa réa-
lisation. Il discuta avec ses coreligionnaires qui, se croyant
fondés dans leurs réclamations en termes exprès de l'État,
insistèrent et persévérèrent dans leur intention. Ils s'ap-
puyèrent même sur les termes de son discours d'ouverture et
sur l'assurance qu'il leur avait donnée de la bienveillance du
Roi, leur souverain et son ami. N'ayant pu leur faire entendre raison, il écrivit à Sillery pour lui faire part de ses em-
barras. Il conseilla de leur céder sur quelques points, notamment sur les places, et tout au moins de leur donner l'assurance qu'il serait répondu à leurs requêtes selon l'Édit. Dans
sa lettre datée de Jargeau, le 5 octobre 1608, Sully laissa en-
trevoir au ministre du roi que, si l'on ne suivait pas ses conseils, l'Assemblée peut-être se prolongerait plus qu'il n'était
souhaitable « outre, ajoutait-il, que vous me ferez un singu-
« lier plaisir de me tirer de cette fâcheuse entremise et
« séjour très ennuyeux ». Le même jour il écrivait au Roi
lui-même une dépêche ainsi conçue : « Sire, j'ay cy devant
« écrit à Messieurs de Sillery et de Villeroy tout ce qui
« s'était passé jusques alors entre les députés et moy, et les
« choses s'acheminaient avec tel respect envers Vostre Ma-
« jesté, pour la nomination de six députez, que j'espérais
« voir dans trois ou quatre jours les affaires terminées à

« vostre contentement. Mais il est survenu une accroche sur
« huit poincts, qui ont pensé arrester toutes choses, jusques
« à ce qu'ils eussent député deux ou trois de leurs corps vers
« vous, et eu par eux réponce de vostre intention sur les sus-
« dicts huit poincts qui consistent principalement aux places
« de Montandre et Tartas, qu'ils maintiennent leur avoir été
« accordées par Vostre Majesté, pour estre laissées en la
« garde de personnes faisans profession de leur religion, où
« néanmoins il y a cejourd'huy deux catholiques, à quoi ils
« estiment qu'il y a moien de pourvoir avec leur consente-
« ment et celuy des propriétaires en y mettant les plus
« proches parens et meilleurs amis d'iceux, comme à Tartas
« le sieur de Hir, beau frère du sieur de Vignoles, et à Mon-
« tandre quelqu'un des amis ou parens du dit lieu qui fest
« profession de la religion ; desquelles demandes j'écrivis
« des causes à M. de Sillery. Ils désiraient aussi que je fisse
« instance pour Monceau ; mais d'autant qu'elle est à M. le
« comte de Soissons je les ai prié de m'excuser. Et quant aux
« autres cinq poincts, je les ay jugez matière de conseil, et
« non suffisans d'en importuner Vostre Majesté, et quelques
« autres si déraisonnables que je ferois conscience d'en faire
« instance. Si tost que j'auroy en réponce à la présente, j'es-
« père mettre fin à l'Assemblée, et le tout au contentement
« de Vostre Majesté, si elle trouve à propos d'accommoder
« l'affaire de Montandre et Tartas, comme il est dit cy-devant
« ou comme je l'écris à M. de Sillery. » — Henri IV répondit
officiellement de Paris, le 7 octobre 1608, qu'il désirait la
dissolution de l'Assemblée, qu'elle n'avait qu'à consigner ses
doléances et qu'il y pourvoirait suivant l'Édit. Le même jour,
Sillery écrivit à Sully pour l'avertir de la résolution du Roi et
l'inviter à faire séparer l'Assemblée sitôt que les députés auraient pris résolution pour la nomination des députés généraux qui devaient demeurer à la suite de Sa Majesté.

Le 10 octobre, Sully, étant venu à l'Assemblée, lui fit con-
naitre la réponse officielle du Roi. La Compagnie remercia le

duc de ses bons offices et lui remit la liste des six députés élus : MM. du Blet, de Villarnoul, Dubois de Cargrais, de Mirande, Bedé de la Gourmandière et de Maniald. Parmi eux le monarque avait à choisir ceux qui, suivant l'Édit, resteraient prés de lui comme représentants et ambassadeurs des communautés protestantes.

Sully envoya la liste par un courrier exprès. L'Assemblée se plaignait des retards apportés par le Conseil du roi et manifestait toujours l'intention de se maintenir jusqu'à ce qu'elle eût reçu le brevet de nomination. Henri IV avait souhaité qu'une délégation lui apportât la liste de présentation. Mais, comme il importait d'éviter toute prolongation de l'Assemblée, Sully eut l'adresse d'éviter cette délégation et d'amener le monarque à ne pas s'arrêter à un défaut de forme. En conséquence, le 13 octobre 1608, le Roy envoya le brevet qui conférait à Villarnoul et à Mirande la députation générale. L'Assemblée se sépara le 16 octobre après avoir recommandé aux provinces qui n'avaient pas de conseils provinciaux de les instituer le plus tôt possible. Elle avait aussi décidé que, si la Cour ne répondait promptement aux cahiers des doléances, la prochaine Assemblée serait autorisée à prendre telle résolution qui serait jugée bonne « pour la gloire de Dieu et le bien des Églises » (1).

Les allures de l'Assemblée ne pouvaient qu'être déplaisantes à l'auteur de l'Édit de Nantes. Il avait été frappé de l'état des esprits à Jargeau et froissé des obstacles qu'avait rencontrés Sully. — « Ils vous ont traicté en catholique, lui « écrivit-il confidentiellement. Je scavais bien qu'ils le « feraient. » Richelieu se chargera de traduire en actes violents le mécontentement du Béarnais.

En 1610 nous voyons apparaître comme pasteur de Jargeau, Daniel Bourguignon. Ce nom ne nous est pas inconnu. Fils de Laurent, Daniel avait étudié à Genève et le Synode

_____

(1) V. *Anquez, histoire des Assemblées politiques.*

national, en 1605, l'avait désigné pour exercer le ministère à Gien dès que ses études seraient terminées. Il quitta en 1610 le poste de Gien pour prendre celui de Jargeau (1). Il était installé depuis peu dans sa nouvelle résidence quand il prit part au Colloque qui s'ouvrit le 23 novembre 1610 (2). Ce fut même lui qui prononça le sermon d'usage. L'acte le plus important de ce colloque a trait aux dissensions qui s'étaient élevées dans l'église protestante d'Orléans (3).

(1) V. Synode de Sancerre, 1610. Pour Jargeau comparaissent « M. Daniel Bourguignon pasteur et Jacques Maurisset ancien ». On lit dans les actes. «...Ouye la demande de l'église de Jargeau pour la continuation du sieur Bourguignon en son premier ministère au milieu d'eux et sur ce lever lettres de M. le duc de Sully et du sieur de Denonville » c'est-à-dire du gouverneur et de son lieutenant, « la Compagnie a jugé que ledit sieur Bourguignon est censurable de son départ de l'église de Gien duquel il n'a eu cause légitime, néantmoings luy remettant la censure comme faicte en sa personne, le donne aux prières de l'église de Jargeau, l'exhortant de ne départir jamais pour quelque croix et affliction qui se présentera ».

(2) Comparurent MM. du Moulin, pasteur de l'église d'Orléans, de l'Isle et Papin anciens et Vignier pasteur de Blois, de Chambaran pasteur et de Villeneufve ancien de Lorges, Laurent Bourguignon pasteur et Roux anciens de Mer, Daniel Bourguignon pasteur et de Denonville ancien de Jargeau (v. sur ce dernier, dans les pages subséquentes, sa notice biographique). Étaient aussi représentées les églises de Chilleurs, Dangeau, Romorantin, etc... Furent élus : modérateur M. du Moulin, adjoint M. Vignier et secrétaire M. Rigoumier.

(3) Extrait des actes du Colloque : « L'escrit du sieur Maillard, docteur en médecine, addressé à MM. de l'église d'Orléans, sur le désordre advenu en l'Assemblée de ladite église assemblée à Bionne, le dimanche 18 juillet 1610, ayant esté leu a esté condamné et censuré, ledit sieur Maillard tesmoignant à ceste compagnie estre desplaisant de l'avoir escrit et protestant n'avoir eu intention sur iceluy d'improuver en aucune sorte la discipline des Églises réformées de ce royaume touchant l'excommunication et l'ordre des Synodes, ains s'y vouloir ranger et obeyr. Et escrira ledit sieur Maillard à ceux auxquels il a communiqué son dit escrit pour leur témoigner ce desplaisir, recognoistre M. du Moulin pour son vray pasteur et se reconciliera avec luy ».

On eût vivement surpris les assistants si on leur avait annoncé que quelques années plus tard, le jeune orateur qu'ils admiraient se convertirait au catholicisme (1).

Henri IV et, après lui, le gouvernement de la Régence avaient l'intention de maintenir la paix religieuse tout en ne voulant pas qu'il existât un État dans l'État. Mais il était difficile que l'accord pût s'établir entre les Protestants de Jargeau si attachés à leurs privilèges et les habitants catholiques de cette ville qui avaient gardé un vieux levain de la Ligue. Les vœux du clergé orléanais pour les États généraux de 1614 ne laissent aucun doute sur l'état des esprits à Orléans et à Jargeau. Le clergé demande tout d'abord que la garnison entretenue dans cette dernière ville soit licenciée et qu'il ne se fasse « aucun exercice de la prétendue

(1) Daniel Bourguignon fut pasteur à Jargeau de 1610 à 1614. Il figure avec ce titre aux Synodes de Blois (1611) et de Saint-Amand (1612), au colloque de Chamerolles (1613), au Synode de Châtillon-sur-Loire (1614). Le Synode de Saint-Amand porte que le sieur Bourguignon demeurera à l'Église de Jargeau sur les offres de l'ancien de ladite Église, le député Morisset, de la somme de 500 livres par an. « Et si l'Église de Sully voulait avoir part à son ministère, elle contribuera à la pension au prorata de ce qui sera accordé entre eux. » De Jargeau il passa à Dolot, et en 1617, il abjura le Protestantisme entre les mains de l'archevêque de Paris (V. conversion du sieur Bourguignon, ministre de la religion prétendue réformée ès villes de Gien et Jargeau et autres lieux près Orléans, à la foi catholique, apostolique et romaine. Plus sa réception en la saincte Église par le reverendissime evesque de Paris le jour de la solennité de Saint-Augustin, Paris, Giffart 1617). Sa conversion excita une vive colère de la part des Protestants. Le Synode d'Argenton, tenu le 14 septembre 1617 et jours suivants, le déclare « apostat et deschu en la charge honorable du saint ministère » et donne son signalement : «...rougeur de son visage, nez coupe rosé, face riante, un peu « voutté, ventru et de taille médiocre, barbe noire ». Nous avons une autre preuve de cette irritation dans un curieux imprimé que nous avons consulté à la Bibliothèque d'Orléans. Cet écrit est intitulé : « advertissement « aux fidelles de l'Église réformée de Gien sur l'apostasie de M. Daniel « Bourguignon et la déclaration qu'il en a publiée avec la responce à « icelle par M. François Ouzeau, pasteur de ladite église de Gyen. A

« religion réformée en icelle comme estant chastellenie de
« l'évêque d'Orléans et non du nombre des villes qui ont été
« baillées aux d. de la pr. r. réf. pour asseurance, et ce
« suivant et conformément à l'édit de Nantes. » Il émet le
vœu « que ceux de la P. R. R. ne pourront tenir escoles ny
« dresser collèges en quelque lieu que ce soit, bâtir aucuns
« lieux ny accepter Lais... qu'ils ne pourront faire instruire,
« dogmatiser ou consoler les malades de leur religion qui
« seront reçus ès hôpitaux et maladeries des villes catho-
« liques... qu'ils ne pourront aussi faire inhumer les corps
« de ceux de leur opinion dedans les églises et les cime-
« tières des dits catholiques. » Quoique, parmi ces doléances,
la première seule touchât uniquement Jargeau, l'ensemble
s'adaptait en grande partie à la situation des Protestants de

« Gergeau par Daniel Denion MDCXVII. » (Ce qui veut dire qu'il est
sorti de la presse de Denion.)

On y lit que Bourguignon se vante, dans sa déclaration, « d'avoir exercé
le ministère l'espace d'environ quatorze années ès églises de Gyen, de
Gergeau, de Sully, de Dolot, de Saint-Julien, du Sault, etc... » Ouseau
considère cette énumération des postes de l'ancien ministre comme le
« témoignage de son inconstance et légèreté volage de sauter ainsi en
pleine paix d'Église en Église ».

Sans se soucier de ces récriminations, Bourguignon défendit ardemm-
ment ses nouvelles croyances et provoqua ses adversaires. Outre le récit
ci-dessus relaté de sa conversion, il publia les ouvrages suivants :

1° Rencontre et conférence verbale entre le sieur Bourguignon cy-
devant ministre des Églises prétendues réformées et le sieur du Moulin
ministre à Charenton (ce ministre était le célèbre controversiste ;
D. Bourguignon était son parent) Paris, Giffart, 1617.

2° Le juste et raisonnable desfy du sieur Bourguignon aux ministres
de la province où il estait, Paris, 1617.

3° Response au discours du sieur Jurieu, ministre de Chastillon-sur-
Loing, en laquelle sont découvertes les pratiques malicieuses de certains
Huguenots à l'égard des nouveaux convertis, Paris, 1618.

4° Les cabales des ministres Huguenots intendans, Paris, 1618.

5° Tableaux de la désobeyssance et rebellion des Hérésiarches ou chefs
de l'hérésie contre les empereurs et souverains, par le sieur Bourguignon,
maistre des requestes de la Royne, Paris, 1619.

cette ville et se référait à des difficultés récentes (1). En
effet, les commissaires députés par le roi « pour l'exécution
« des esdictz et ordonnances faicts par Sa Majesté pour le
« repos de ses subjects et tranquillité publicque » ayant
parlé de se rendre à Jargeau pour ouïr les plaintes des
huguenots, le clergé d'Orléans avait décidé de députer
plusieurs de ses membres pour assister le Chapitre de Saint-
Vrain et les habitants catholiques dans leurs réclamations.
Ces délégués avaient été les doyen et scholastique de l'église
d'Orléans, l'abbé de Saint-Euverte et le syndic Fougeu. Le
premier grief par eux relevé avait eu trait aux agissements
de la garnison protestante qui, contrairement aux ordres du
duc de Sully, empêchait les processions interparoissiales et
dont les exercices militaires gênaient les offices religieux.
La garnison était alors, croyons-nous, commandée par un
protestant ardent, Jacques de Brisay, gentilhomme de la
Chambre et lieutenant du gouverneur (2). Ses soldats avaient
pris pour terrain de manœuvre « le lieu le plus proche de
« l'église paroissiale » et empêché « par le bruit des tam-

(1) Il faut joindre aux doléances du clergé orléanais les remontrances
du chapitre de Saint-Vrain (Arch. dép. Loiret, pièce non datée, mais qui
nous semble avoir servi de base aux doléances). Les chanoines rappe-
laient les tristes pillages de 1568, leur expulsion après la prise de la
ville sous Henri III, la conduite des protestants qui « pour la conser-
« vation de la place, avaient entièrement fait brûler et abattre les
« faulxbourgs de la dicte ville et plusieurs autres maisons », et la promesse écrite, en date du mois de juillet 1589, que le roi de Navarre
avait faite au roi Henri III de lui « rendre la dicte ville touteffois et
« quantes que Sa Majesté l'ordonneroit ou lorsque la ville d'Orléans
« seroit reduicte en son obéissance — laquelle promesse est à présent
« ès mains de Monseigneur le chancelier... »

(2) Jacques de Brisay, seigneur de Denonville, né le 4 janvier 1579,
était le fils d'autre Jacques de Brisay qui, après avoir été abbé com-
mendataire de Saint-Pierre-en-Vallée (diocèse de Chartres), avait em-
brassé le protestantisme. Il avait épousé, en 1606, Judith d'Argenson,
fille de Guillaume d'Argenson, seigneur d'Avennes. Il prit part à plusieurs synodes provinciaux, comme représentant de l'église de Jargeau.

« bours, trompettes et mousquetades, que l'on puisse rendre
« à Dieu le service divin. » Sans payer aucun loyer et au
détriment des pauvres, ils s'étaient emparés d'une partie de
la chapelle de l'Hôpital pour y retirer leurs vivres, leurs
munitions et les démolitions de leurs moulins à bras. Ils
avaient, en outre, occupé dans la cour de l'hôpital, un logis
où l'on avait habitude de recevoir les pauvres ecclésiastiques
de passage et de déposer les provisions de bois pour chauffer
les pauvres de cet établissement charitable. Les commissaires royaux avaient mis bon ordre à ces abus. La requête
qui tendait à interdire le prêche à Jargeau, dépendance du
domaine épiscopal, avait un objet hors de leur compétence.
L'occupation qui maintenait en fait cette ville parmi les
places de sûreté n'avait pu qu'être signalée par les plaignants. Ils avaient dû s'en remettre au roi ; elle avait été
une protestation sans effet immédiat. Quant au cimetière, il
ne semble pas qu'il en ait été question. Les Protestants,
d'ailleurs, enterraient déjà alors, croyons-nous, leurs morts
dans un cimetière distinct. En tout cas, ce cimetière distinct
existait quelques années plus tard, comme on le voit par le
testament de Jacques de Saint-Mesmin, sieur de la Queuvre,
postérieur de quelques années ; ce seigneur y déclare qu'il
entend « être enterré au cœmetiaire de ceulx de la religion
réformée de Jargeau ».

Les Protestants avaient-ils aussi une école ? Quoique nous
n'en ayons pas trouvé trace dans les Archives, nous opinons
pour l'affirmative. En effet, dans son histoire de Mer,
M. Paul de Félice nous apprend qu'en 1612, Mer recevait une

Il fut député par l'Orléanais au Synode national de Tonneins, auquel il
se plaignit d'avoir été injustement dépossédé de sa lieutenance. La
même province le choisit pour un de ses mandataires à l'Assemblée de
Loudun en 1619. Il se retira vers cette époque en Hollande, fut capitaine de Cent hommes d'armes au service de cette puissance et mourut
à Breda, en 1625 ou 1628 (V. l'ouvrage de M. POTIER DE COURCY et la
France protestante).

2

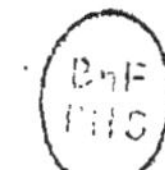

subvention d'un synode (en même temps que Jargeau et Marchenoir), pour l'aider à soutenir ses écoles.

Le roi avait, en 1614, autorisé les Protestants de France à tenir une assemblée générale, et un brevet du 4 avril 1615 avait assigné Jargeau pour siège de cette assemblée. Les Protestants objectèrent contre cette désignation diverses considérations, telles que la « petitesse du logement et la « pauvreté du lieu ». Un nouveau brevet du 24 mars 1615 renvoya l'assemblée au 15 juillet suivant, et désigna Grenoble à la place de Jargeau. Fut-ce au moment où Jargeau parut devoir être le séjour des députés huguenots que l'imprimeur-libraire Quentin-Mareschal s'y rendit, alléché par l'annonce d'un fait si important ? Bien que la seule brochure, connue et sortie des presses de Mareschal dans cette ville, soit datée de 1616, il n'est pas téméraire de le supposer (1).

Le 7 août 1615, après avoir confié au maréchal de Bois-Dauphin les troupes destinées à couvrir Paris et à contenir les mécontents, la régente partit de la capitale avec la cour, sous bonne escorte, pour Bordeaux, où Louis XIII épousa Anne d'Autriche. La marche vers la Guyenne eut ses difficultés moindres cependant que celles du retour, lorsque Condé, quoique catholique, se fut joint aux Protestants de l'Ouest et du Midi. Si l'on s'en rapporte au *Journal de ma vie*, de Bassompierre (T. II, p. 44), le maréchal de Bois-Dauphin, en opérant contre Condé, aurait été fort empêché

______

(1) Quentin Mareschal avait auparavant exercé son industrie à Chaumont-en-Bassigny, où il avait imprimé, en 1598, les *Modelles artifices* de Joseph BOILLOT. Il ne fit pas un long séjour à Jargeau et fut remplacé par un autre imprimeur ambulant, Daniel Denion, qui reproduisit par la presse cette pièce de circonstance : « Arrest de la Cour de « Parlement contre le mareschal d'Ancre et sa femme, prononcé et « exécuté à Paris, le huitiesme juillet 1617 » et l'advertissement aux fidèles de Gien, ci-dessus relaté. Quentin Mareschal reparaît à Loudun en 1619 (V. l'étude que lui a consacrée M. A. DE LA BOURALIÈRE, dans les *Mémoires de la Société des Antiquaires de l'Ouest*, t. XVIII).

par la crue de la Loire ; le fleuve avait monté de plus de deux pieds après un jour de grande pluie. Le maréchal aurait alors résolu de passer la Loire à Jargeau, mais les contre-marches des reitres auraient changé son dessein.

Ces événements ne pouvaient que faire ressortir aux yeux des Protestants l'importance stratégique de leur place et de son passage sur la Loire. Aussi mirent-ils une grande ardeur à augmenter surtout les fortifications de la rive droite qui domine le fleuve, le pont et la ville. Mais le 14 décembre 1615, le lieutenant-général Christophe de Harlay signifia aux habitants des paroisses circonvoisines défense d'aller y travailler jusqu'à nouvel ordre (1).

Cette défense d'obtempérer ainsi aux injonctions des religionnaires ne fut pas un obstacle absolu à leurs desseins. D'après un document qu'on peut dater du mois d'avril 1616, M. le marquis de Rosny, gouverneur de Jargeau depuis 1609, et fils de Sully, avait renforcé la garnison. Plus de cinq cents hommes de guerre, tous bons soldats, lui assuraient la place. Les Protestants avaient recherché et recherchaient toute sorte de pauvres gens pour travailler,

(1) « Christophe de Harlay, conseiller du roy en ses Conseils « d'Estat, cappitaine de cinquante hommes d'armes de ses ordonnances, « lieutenant-général pour Sa Majesté au gouvernement d'Orléans, bailly « de la dite ville et du palais de Paris. Nous ayans reçeu la plainte de « plusieurs habitans des parroisses qui sont ès environs de Jargeau, « les quels nous ont rapporté des billets par les quels il leur est com- « mandé d'aller ou envoyer travailler aux fortiffications du dit Jargeau, « ce qui est contrevenir aux éditz et ordonnances royaux et mesme une « charge et action sur les subjectz de Sa Majesté, avons ordonné et « ordonnons que deffences seront faites aux habitans des d. parroisses « d'y aller ou d'envoyer travailler sans nostre permission et commande- « ment ou jusques à ce que il en aye été autrement ordonné par « Sa d. Majesté sur peine aux contrevenans de cinquante livres « d'amende. Et sera la présente ordonnance signiffiée aux gagers « des dites parroisses affin que nul n'en prétende cause d'ignorance. « Fait à Orléans, le quatorziesme jour de décembre mil six cens quinze. » Signé : DE HARLAY.

les uns aux murailles, les autres aux fossés, surtout sur la
rive droite. Les habitants de la Sologne et des environs se
plaignaient des courses que la garnison de Jargeau faisait
dans le plat pays, des rançons et pillages qu'elle se permettait. Le jour de Pâques fleuries, 27 mars 1616, les habitants d'Orléans suivaient une procession habituelle vers une
croix, quand, à un quart de lieue environ, ils virent s'appro-
cher un gros de cavalerie de la garnison de Jargeau. Saisie
de frayeur, la multitude s'enfuit dans l'intérieur de la cité.
Les gardes de la porte de ville prirent les armes et furent
bientôt secondés par de nombreux citoyens en armes. Des
éclaireurs furent envoyés pour découvrir ce qu'était devenu
le corps de cavalerie. Celui-ci avait rebroussé chemin préci-
pitamment. Un autre corps de cavalerie du marquis de
Rosny reparut du même côté, le 1er avril, et causa une nouvelle alarme aux Orléanais. Ces alarmes étaient-elles vaines ?
Les précédents du xvie siècle et des faits récents les justi-
fiaient en partie, puisque, par suite de plusieurs courses de
ce genre faites notamment de nuit, les faubourgs d'Orléans
avaient « reçu plusieurs tors et dommages de la dicte gar-
« nison de Gergeau, enfonçant portes et coffres dans le logis,
« de sorte que les habitans des faubourgs ont esté contraints
« de retirer tout ce qu'ils avaient de bon à la ville et les
« capucins toute l'argenterie et paremens plus riches de
« leur église, pour éviter aux courses et surprises de ces
« gens d'armes » (1). Les craintes des Orléanais avaient
aussi quelque fondement après la jonction de Condé avec
les calvinistes, alors que l'assemblée protestante s'était
transférée de Grenoble à Nîmes, puis à la Rochelle et
que ses délégués prenaient part aux conférences de Loudun.
    La paix de Loudun fut conclue le 6 mai 1616. Le jour de sa
publication, l'administre D. Home en célébra les bienfaits

(1) V. *Les Allarmes suscitées en la ville d'Orléans à l'occasion des
troupes de la garnison de Gergeau.* A Paris, de l'imprimerie d'Anthoine
du Brueil, rue Macon, près le carrefour Sainct-Séverin.

dans un sermon imprimé à Jargeau et parvenu jusqu'à nous (1). Le traité de paix avait stipulé que des recherches sévères auraient lieu au sujet des complices du meurtre de Henri IV. Dans la préface habilement dédiée à Sully, qu'il appelle le Jóseph de la France, Home observe que les Clément, les Chatel, les Ravaillac étaient catholiques ; il fait allusion au discours prononcé par lui-même devant le monarque et s'élève contre les accusations qui représentaient les Protestants comme des séditieux. Le raisonnement aurait eu plus de portée sans la récente prise d'armes. Il indique, enfin, que son sermon établit que « la puissance est de Dieu seul et indépendante. » Et, en effet, ce morceau, tout parfumé d'odeur biblique à la mode écossaise, est une glorification du pouvoir absolu (2).

(1) David Home, controversiste écossais, primitivement pasteur de Duras en Guyenne, exerça longtemps le ministère à Jargeau, 1616 ou 1617 à 1621 ou 1623. Jacques Ier l'employa à concilier Tilenus et Du Moulin sur la justification, et même à réunir, ce qui était impossible, toutes les sectes protestantes dans une même profession de foi. Il a publié : *De Unione Insulæ Britannicæ Tractatus*, Londres ; *Lusus pœtici*, Londres, 1605 ; Le *Contrassassin*, Genève, 1612 ; *Lettres et traitez chrétiens*, Berg ; *L'Assassinat du Roy, ou maximes du Vieil de la Montagne vaticane et de ses assassins, pratiquées en la personne du deffunct Henry le Grand* (sans nom d'auteur) ; *Regi scotiæ Gratulatio*, Édimbourg, 1617 ; *Apologia basilica, seu Machiavelli ingenium examinatum in libro quem « Princeps » inscripsit*, Paris, 1626 ; *Fœmata*, Paris, 1639 ; et la brochure ci-après indiquée. Les poésies latines de Home ont été réimprimées en partie dans les *Deliciæ pœtarum Scotorum*, Amsterdam. On lui attribue un *General History of scotland*, 1617. David Home figure, comme pasteur de Jargeau, aux Synodes d'Argenton (1617), de Sancerre (1619), de Jargeau (1620), et de Maz en Cevennes (1620). Quoique, en 1623, le pastorat eût été interdit aux étrangers, il n'en continua pas moins ses fonctions à Chilleurs, mais, en 1634, il se vit contester ce droit à cause de sa nationalité (V. Fagniez, *Histoire du père Joseph*, T. I, p. 424 et 425).

(2) V. la *Sauvegarde des Roys*, exposée en un sermon par David Home, administre de la parole de Dieu — à Gergeau, par Quentin

Le prédicateur termine son discours par cette véhémente comparaison : « Les princes ont à imiter les médecins qui « guérissent la piqueure du scorpion par sa mort, en « l'escrasant, et l'apliquant à la playe ; à fin que ces bestes « de l'abisme estans fracassées, les rois qu'ils (les conspira-« teurs rebelles) blessent de leurs glaives malins puissent « recouvrer leur salut, et leurs peuples, en chantant à Dieu « des cantiques de louanges procédantes d'un nouveau « cœur et nouvel esprit puissent crier : *Vivent les rois et* « *princes, et que les malins meurent.* Et puisque Dieu a « vestu les lis des champs mieulx que ne fust onques « accoustré Salomon en sa gloire, que les ennemis du roy « des fleurs de lis soient vestus de confusion, et que son « diadème fleurisse sur son chef, comme celuy de David pour « l'advancement du règne de Dieu... » Les avantages accordés à Condé et aux députés de la Rochelle ne correspondaient pas précisément à la punition du scorpion. La rarissime petite brochure que nous a communiquée M. Herluison est suivie d'une hymne d'amour à la Sainte-Trinité par l'auteur et d'un chant plus modeste de louange à Dieu pour la paix. C'est, s'écrie avec enthousiasme le pasteur poète, c'est...

> ..... sa puissante main
> Qui, d'une faveur céleste,
> Nous a sauvé de la peste,
> De la guerre et de la faim.
>
> . . . .
> C'est luy qui domine aux princes
> Et rend les esprits tranquilles,
> Donnant aux champs comme aux villes
> La franchise de la paix.

Mareschal, imprimeur et libraire, 1616. L'auteur offre ce sermon à Sully « comme un gage de la très humble obéissance que, dit-il, j'eus « l'honneur d'offrir à Sa Majesté en son conseil, à Bourdeaus, dernière-« ment tant de vostre part que de celles des églises de ceste province, « conformes en ce zèle envers leurs rois et le repos public à toutes les « autres du royaume..... »

Les Protestants irritaient les Orléanais par les entraves qu'ils apportaient à la liberté de la navigation. Des lettres du roi enjoignirent de relâcher les bateaux et les marchandises arrêtés au pont de Jargeau et d'ôter la garnison du fort de Saint-Denis. M. Barantin, maître des requêtes, et Pierre le·Royer, exempt des gardes du corps, vinrent, en mai 1616, pour faire exécuter ces ordres souverains (1).

(1) Arch. mun. Orléans cc 579 (1616-1618).

« Au sieur Le Royer, exempt des gardes du corps du roy, la somme de douze livres seize sols, à luy ordonnée pour luy subvenir à supporter les fraiz du voyage par luy faict exprès en la ville de Jargueau, vers le sieur marquis de Rosny, porter les lettres de Sa Majesté portant commandement au sieur de relascher les batteaux et marchandises qui estoient arrestées au pont du d. Jargueau et de faire sortir la nouvelle garnison mise au fort de Saint-Denis, dont le d. Le Royer auroit donné avis aus d. maire et échevins par délibération... dattée du onziesme du d. mois de may.....

« Au d... Fourmy..., la somme de dix-neuf livres pour ung voiage par luy faict en poste de ceste ville (Orléans) à Thoury porter lettres de Sa Majesté à Monsieur Barantin, maistre des requestes, qui s'en retournait à Paris, auquel il aurait baillé un pacquet de Sa Majesté à luy adressant pour exécuter le commandement de Sa Majesté et pour son retour en ceste d. ville (Le mandement de paiement est du 14 mai 1616).

« ..... Avoir esté exprès et spécial de ceste ville en la d. ville de Jargueau pour servir le dit sieur Barantin au voiage par luy faict... »

« ..... Pour un voiage par luy faict exprès par les relais en la d. ville de Paris, porter lettres de Mgr le comte de Saint-Pol et d. maire et eschevins (d'Orléans), et ung procès-verbal faict par le bailly du d. Jargueau, concernant les fortiffications faictes au fort de Saint-Denis lez Jargueau adressant au sieur Desfourneaux, estant en la d. ville de Paris, pour le faire tenir à Monsieur de Loménie, secrétaire d'État (Le mandement est de juillet 1616).

« A honorable homme Pierre Le Berche, l'un desd. eschevins, la somme de deux cens quatre-vingt-six livres dix-neuf sols à luy ordonnée pour son remboursement de pareille somme qu'il a paiée au d. voiage par luy faict en court en la ville de Paris, suivant sa dellegation du dix-neuvième may mil six cens seize, pour suplier très

Il semble que, sur le second point, les Protestants n'obéirent que momentanément et qu'ils mirent dans le fort tout au moins des surveillants chargés de veiller à sa conservation. En tout cas, le 19 mai, les échevins d'Orléans déléguèrent l'un d'eux, Pierre-le-Berche, pour aller à Paris et pour demander non seulement l'évacuation complète du fort, mais sa démolition et la cessation des mesures de défense de la ville même (1).

Vers la même époque, on constate qu'aux alentours de Jargeau s'opérèrent des mouvements de troupes ayant pu influer sur l'attitude des partis respectifs. Dès le mois d'avril 1616, le baron de Crécy, qui était avec des troupes à Châteauneuf-sur-Loire, avait reçu ordre de les acheminer vers Sa Majesté (1). En mai, les échevins d'Orléans envoyaient de leur ville à Tigy un exprès vers le prince de Tingry « conducteur de trouppes reistres » dans le but de diriger sa marche (2). Mais, pendant que cette manœuvre se réglait ou s'opérait, ce prince était, le 13 mai, emporté à Jargeau par une fièvre pestilentielle (3).

humblement Sa Majesté de vouloir leur oster la garnison nouvelle du d. fort de Saint-Denis, le faire desmolir, cesser celles qu'ils faisaient de la ville et empescher le couppement de la levée que la garnison voulut faire affin de faire venir l'eaue à l'entour de la d. ville, pour la fortiffier au grand préjudice du service du roy et du public (Le mandement est du 11 juillet).

(1) *Arch. mun. Orléans* ∞, 579 (1616 1618)

« Au d. Fourmy...... pour... voyage par luy faict à Châteauneuf porter lettre des d. maire et eschevins au sieur baron de Cressy logé au d. Châteauneuf avecq sa trouppe pour luy donner advis de s'acheminer avec sa d. trouppe vers sa d. Majesté par mandement et ordonnance signée Paris et Rousseau eschevins en dutte du vingt-sixiesme du d. mois d'avril... ».

(2) *Arch. mun. Orléans* ∞, 579.

(3) Henry de Luxembourg, pair de France, comte de Brienne, de Roussy et de Rosnay, souverain d'Aigremont, baron de Vandœuvre et de Rameru, était fils unique de François de Luxembourg, prince de Tingry (qui eut deux filles). Il portait donc le titre de prince de Tingry,

Les maire et échevins d'Orléans avaient à Jargeau un ami vigilant dans le bailli épiscopal Jacob Dumondé qui était en correspondance fréquente avec eux et qui ne perdait pas un instant de vue les menées du parti adverse (1). Le 25 septembre 1616, il les informait de l'arrivée à Jargeau de chargements d'armes et de la présence d'un sieur Darnesi, intendant du vidame de Chartres (2).

depuis la mort de son père décédé en 1613. Il avait épousé Madeleine de Montmorency, dame de Thoré. « Malade à Amboise, il s'était fait transporter à Jargeau où il mourut quelques jours après. » (P. Anselme). En lui finit la ligne masculine de la maison de Luxembourg. En mourant, il laissa une fille qui épousa en 1620 Léon d'Albert (frère du favori de Louis XIII), à la condition de prendre les nom et armes de Luxembourg — ce qui fut accordé par le Roi. (V. LA CHENAYE-DESBOIS, *Dictionnaire de la Noblesse*, V° Luxembourg.)

(1) *Arch. mun. Orléans* CC, 579 passim — Dumondé était déjà bailli en 1597.

(2) *Arch. mun. Orléans* II, 29.

Lettre autographe adressée à Messieurs les maire et échevins d'Orléans par le bailli de Jargeau.

« Messieurs, il arriva dimanche en ceste ville à neuf heures du soir
« six charroys chargez d'armes venuz par Pithiviers. Le mesme jour un
« nommé Darnesi, intendant des affaires de monsieur le vidame de
« Chartres arriva en ceste ville, fait assembler les principaulx de céulx de
« la religion prétendue réformée cejourd'huy pour aller saluer madame la
« comtesse de Saint-Pol, luy ayant donné le mesme advis elle m'a re-
« commandé en advertir monseigneur son mary. Mais j'ay estimé qu'a-
« vant que d'escripre que je debvois retourner en ceste ville pour me
« bien informer affin de donner un advis certain. Je vous envoye donc
« messieurs la lettre que j'ai escripte à Monseigneur le comte de Saint-
« Pol et à madame, que je vous supplie leur faire tenir et sy j'apprends
« quelque autre chose en ceste ville et en ces questions je ne manqueray
« pas à vous en donner advis. En attendant je supplieray le Créateur
« messieurs qu'il vous continue ses sainctes graces. A Jargeau le vingt-
« sixième de septembre 1616. Votre bien affectionné. »

Signé : Dumondé.

Le comte de Saint-Pol à qui écrivit Dumondé et dont il sera souvent question était François d'Orléans, comte de Saint-Pol, duc de Fronsac, seigneur de Château-Thierry, gouverneur et lieutenant-général pour le

Dumondé passa bientôt des protestations au fait. Se fondant sur arrêt du Conseil que les documents citent incidemment et profitant de l'absence du Gouverneur protestant, il fit attaquer les fortifications de Saint-Denis. Vainement la garnison chercha-t-elle à intimider les travailleurs par quelques démonstrations ; vainement chercha-telle à les disperser et en fit-elle prisonniers. Ils étaient résolus et continuèrent. Huit jours leur suffirent pour ruiner toutes les casemates des fossés et une demi-lune avec toutes ses défenses (1). En l'absence de Rosny, les chefs de la garnison n'osèrent sans doute pas pousser les choses à l'extrême. Les

Roy des villes, duché, province d'Orléans, pays Blaisois, Dunois et Vendosmois. Il posséda le château de Châteauneuf-sur-Loire et y mourut en 1631. V. sur Anne de Caumont, sa femme, l'étude récente du père Chérot, de la Compagnie de Jésus.

Le vidame de Chartres était Préan de Lafin, fils de Jean de Lafin et Béraulde de Ferrières. Il fut vidame de 1602 à 1631.

(1) V. *Mercure de France*, année 1621.

V. aussi *Arch. mun. Orléans*, ii, 29,

(a) Lettre adressée aux maire et échevins d'Orléans.

« Messieurs, je ne vous escriprai pour ceste fois de vos affaires et remettons au retour de M. Paris à qui je les communiqueray et le priai de séjourner huit jours affin de les éclarsir. Seulement pour la haste du porteur, je vous dirai que j'ai présenté le procès-verbail et ung brevet à Messeigneurs du Conseil qui nous ont donné aussytôt audiance pour le faict de Jargeau et advisé que demain il partira un commissaire pour s'informer de l'affaire tout au long. Entrant au Conseil nous avons trouvé monsieur de Loménye sy boudé (?) contre le bailly de Jargeau et de ses actions sur le subject du fort abattu, que je croyais que luy seul le feraict refaire. Sur luy je pris la parolle et dict qu'il y avait arrest du Conseil comme il seroit abattu et que mesme la d. Majesté y avoit commis M. Barentin et ung exempt des Gardes pour ce faire. Il a esté contrainct de confesser qu'il y avoit quelque arrest mais qu'il n'avait donné aulcune commission et sa collère estoit telle jusques à en faire congnoistre l'intérieur. M. de B... présentement alla veoir M. le Chancellier et le pria nous baillé un bon rapporteur catolique et qui soit véritable, etc... ». Lettre signée Hurault. — Elle est datée de Paris XIII janvier 1617.

protestants portèrent leurs plaintes à l'Assemblée nationale de leurs députés. Celle-ci s'émut. Il semble même que cette émotion fut partagée par M. de Loménie, irrité de ce que l'on avait agi sans commission spéciale. Mais le bailli de Jargeau et les échevins d'Orléans ne demeurèrent pas inactifs et, secondés par le comte de Saint-Pol, ils firent valoir leurs droits près du Conseil du Roi. Un maître des requêtes fut désigné pour aller, le 14 janvier, à Jargeau informer sur l'affaire. Dans les premiers jours d'avril, un commissaire y fut député. Il prescrivit aux catholiques et aux protestants de maintenir les choses en état.

(b) Lettre du comte de Saint-Pol.

« Messieurs, lorsque les nouvelles de Jargeau sont venues en ceste ville, je n'y estois pas. Et je les ay sceus qu'à mon retour que les vostres m'ont été rendues, et aussytost je y ai donné ordre ; l'on a résolu d'y envoyer de la part du Roy le sieur Foulle, maître de requestes pour informer de tout ce qui s'est passé sur les lieux et en faire son procès-verbal pour le rapporter au Conseil pour juger ce différend, et cependant eslargir ceux qui sont retenus ; il m'est venu trouver pour me communiquer de ceste affaire et sçavoir mon intention de ce que je désirois sur cela, je l'ay chargé de vous donner advis du subject de son voiage et vous veoir à ceste fin pour adviser ensemble à ce qui sera nécessaire pour que les choses ne se passent point au désavantage ; parce que je scai que ces gens sont assez entreprenans et ne manquent point d'artiffice pour se faire avoir bon droit. C'est à quoy il faut que vous preniez garde ; et pour moy je soigneré dedere *(sic)* et contribuer tout ce que je pourray pour tirer de ceste affaire tout l'adventage pour le bien du pays et de vostre contentement particulier, continuant tousiours la bonne vollonté que je vous ay vouée avec pareille affection, que je suis Messieurs votre affectionné à vous servir ».

Signé : François d'Orléans. — De Paris le XVImᵉ janvier 1617.

(c) Lettre du bailli de Jargeau aux maire et échevins d'Orléans.

« Messieurs nous n'attendions plus en ceste ville le commissaire que le Roy avait ordonné luy envoyer pour le fort de Saint-Denys, mais l'assemblée de la Rochelle par leurs depputez près sa Majesté, ont tellement pressé que monsieur de B...... y est arrivé et nous a pris sans y penser. J'attendray à venredy à vous dire de bouche tout ce qui s'est passé en

Les Protestants alarmés se tournaient vers leurs synodes
pour demander aide, et vers le duc de Sully pour obtenir sa
puissante protection (1). Mais les choses, après quelque ré-
pit, ne firent que s'accentuer. Sur la fin de 1620, année d'un
synode provincial peu important (2), le bailli de Jargeau, que
soutenait toujours le comte de Saint-Pol, se rendit à Paris et
obtint facilement de terminer la destruction du fort de Saint-

ceste commission. Il m'a commandé de le suivre jusques à Sully d'où il
sera arrivé ce soir. Je ne puis vous aller veoir pour demain car il m'a
laissé à faire quelque chose et particulièrement une deffense de rien
innover ni changer de part et d'autre au fort jusqu'à ce que par sa Majesté en ayt ordonné. Je serai bien mary que je n'ay veu messieurs de
vostre compagnie.

« Il a esté néancmoins pour mieux que vostre ville ne soit point inter-
venue en ceste action, et je vous en dirai la raison, Dieu aydant le quel
je supplye, Messieurs, qu'il vous continue ses sainctes grâces. A Jargeau, le 5e apvril 1617. Votre bien humble à faire service. »

Signé : Dumondé.

(d) Arch. m. Orléans. — Compte Desfriches et Garnier (avril 1617) :
« Monsieur le recepveur des deniers commungs de ceste ville d'Orléans,
payez et baillez des deniers de vostre recepte à Symon Fourmy, l'un
des archers et cinquanteniers de ceste ville d'Orléans, la somme de vingt
livres huit solz tournois à luy ordonnées pour son remboursement de
pareilles sommes qu'il a payées et desboursées en voiage faict par Mes-
siers Leberche et Hurault, deux des échevins de ceste ville, en la ville
de Jargueau, suivant la délibération du IIIe jour du présent mois d'avril
pour veoir et connaistre ce qui se passait pour la démolition du fort
de Saint-Denys, par le Commissaire depputé par Sa Majesté pour cet
effet..... »

(1) V. Synode de l'Orléanais du 14 septembre 1617 « ... Sur la réquisition du Sr de la Brosse, ancien de Jargeau, à ce que la compagnie
veuille l'aider de sa faveur envers M. le duc de Sully et lui escripre à ce
qu'il ait pitié de ladite église ; d'intercéder aussy envers Messieurs des
capitaines de Jargeau pour donner à l'église la place d'un soldat au soulagement d'icelle. »

(2) Synode provincial de la province de Berry, Orléans et Bourbon-
nais, tenu en la ville de Jargeau le xvie juillet 1620. Jamet, pasteur de
Saint-Amand, modérateur. Imbert, pasteur d'Orléans, adjoint.

Denis, pourvu qu'il n'y eût pas sédition (1). Boubiers, lieutenant du gouverneur, accourut à Paris pour faire ses repré-
sentations. On le retint à la Cour sous divers prétextes.
Quand il rentra, il s'aperçut que les fortifications du faubourg
étaient en triste état (2). Il se tint sur ses gardes et augmenta
la garnison. Les soldats et les religionnaires résidant qui,
avec la première, formaient au moins la moitié de la popula-
tion, étaient agités du vent de La Rochelle (3). Il fallut en
finir. Il devenait intolérable qu'il y eût dans le royaume
d'autres forces armées que celles du roi passivement sou-
mises à son autorité. Aussi le comte de Saint-Pol reçut-il
mission d'obtenir l'évacuation de la ville par la garnison protestante. Des lettres du monarque enjoignirent aux capitaines
huguenots de Jargeau de faire et obéir à ce que le gouverneur d'Orléans leur ordonnerait de la part de Sa Majesté.

Pour ne rien hasarder et avant de recourir à la force, le
comte de Saint-Pol vint à Saint-Denis. Il manda devant lui
Boubiers et deux autres capitaines, Damours et Dumesnil. Il
leur bailla les lettres royaux et leur signifia l'intention de
Sa Majesté en les invitant à s'y conformer. Ceux-ci s'en excu-
sèrent, alléguant que les lettres du roi ne portaient pas cet

(1) V. *Mercure de France*, 1621.

(2) V. *France protestante*, v° Boubiers.

(3) Ce qui n'empêchait pas la jeunesse de se livrer à la débauche
Était-ce simplement pour remplir un devoir et non pas aussi à cause de
la gravité de la situation que le Consistoire de Jargeau censurait ces dé-
sordres ? Toujours est-il qu'il s'en préoccupait vivement, comme on le
voit par l'extrait suivant du colloque de Dangeau (1621) : « L'appel de
certains jeunes hommes de Gergeau estant désert par l'absence, la compagnie approuvant sur ce subject les procédures du Consistoire de la d.
église qui y est recueillie, enjoinct aux parents des d. jeunes gens sur
peine de censure de tenir la main à rompre toutes associations de des-
bauches entre leurs enfans et desunir toutes ces petites compagnies qui
sont contraires à la discipline ecclésiastique pour à quoy mieux parvénir
Messieurs les gouverneur et capitaines du lieu seront suppliés par le
Consistoire d'y apporter leur autorité. »

exprès commandement, qu'au contraire Sa Majesté, en passant à Orléans en 1614, leur avait recommandé de bien garder la ville et le passage pour son service, que d'ailleurs le gouverneur de Jargeau les y avait mis, qu'il était en Languedoc et que ce serait chose raisonnable que de l'avertir et d'attendre sa réponse. Une telle attitude était l'évidente proclamation de l'État dans l'État.

Le comte de Saint-Pol, n'ayant rien pu obtenir, s'en alla à Châteauneuf-sur-Loire et résolut d'assiéger Jargeau. Sur ses ordres, les troupes qu'il avait sur pied allèrent la nuit même se loger dans le faubourg de Saint-Denis jusqu'au bout du pont. Il fit mettre en marche des renforts de cavalerie et d'infanterie. Il fit appel à la noblesse de la province. Elle ne manqua pas au rendez-vous (1). Le maréchal de Vitry (2), son beau-frère le baron de Persan et le marquis de Rothelin (3), qui revenaient de la Cour, ayant eu avis du siège, accoururent en toute hâte le 18 mai à Saint-Denis. Après une nouvelle démarche du marquis de Rothelin près de Boubiers demeurée infructueuse, le comte de Saint-Pol fit reconnaître la place et se décida à la battre en brèche. Il manda donc à Orléans pour avoir de l'artillerie qu'on tira de l'arsenal et qu'on achemina vers Jargeau. Il faisait aussi parcourir la

(1) V. *Histoire de la prise et réduction de la ville de Jargeau en l'obéissance du roi*, Mercure de France, 1621. — *La prise et réduction de la ville de Gergeau à l'obéissance du roy* faite par Messieurs les comtes de Saint-Paul et Mareschal de Vitry, le dimanche 23 mai 1621 (jouxte la copie imprimée par Charles Chapelain), réimprimée par M. Herluison.

(2) Nicolas de l'Hospital, marquis, puis duc de Vitry, né en 1581, mort en 1644. Ce fut lui qui tua le maréchal d'Ancre et conduisit les opérations du blocus de La Rochelle. Il avait hérité de son père la seigneurie de Choisy (aujourd'hui Bellegarde). Cette famille de l'Hospital, originaire du Napolitain, n'a rien de commun avec celle du chancelier de l'Hopital.

(3) Henry d'Orléans, premier du nom, marquis de Rothelin, baron de Varenguebec, de Néarfli et de Hugueville, gouverneur de Reims, né en 1588, mort en 1651 ; il épousa Catherine-Henriette de Loménie.

campagne pour éviter toute surprise et faisait retirer les bateaux de la Pointe-au-Loup et de Chécy vers la rive gauche (1).

Ces précautions n'étaient pas inutiles. Assurément le
nombre des assiégeants se montait déjà à environ
1,000 hommes d'infanterie et 500 chevaux, sans compter les
renforts attendus et Boubiers n'était assisté que des habitants de sa religion et de « quelques six vingts soldats » (2).
Mais les assiégés, suivant l'avis du ministre David Home,

(1) Arch. mun., Orléans, II, 29.
Lettre signée Gabriel (nom illisible qui nous semble être évêque d'Orléans), datée « du camp Saint-Denis, à cinq heures du matin, ce 19 may
1621 » et adressée à MM. les maire et échevins d'Orléans.

« Messieurs, hier au soir, deux carabins de Monsieur le comte de
« Saint-Pol par luy envoyés à la campagne, luy vinrent faire raport
« qu'ils avaient apris dans la forest d'Orléans qu'en divers endroits, l'on
« s'assemblait pour faire troupe jusques au nombre de deux cens che-
« vaux et joindre avec le vidame de Chartres par devers lequel ceux de
« Jargueau ont envoyé un chirurgien de leur ville, et que dans Rebrechien
« il y avait une maison particulière où se rendaient des soldats file à file
« avec armes. Cet advis obligea le d. sieur comte à contremander le ca-
« pitaine Vilpion, logé à Darvoy, et à le faire repasser l'eau et faire
« armer M. de Cléreau avec deux gendarmes pour aller aud. Rebrechien
« où estant ils furent advertis par le notaire du lieu que la maison de
« La Touche Mariette estait pleine de soldats armés qui s'y estaient
« retirés en laquelle s'estant à l'instant transportés et icelle forcée, ils y
« ont trouvé Chesneau, horloger, Bezar, sergent, Champeaux et autres
« jusques au nombre de dix ayant chascun deux pistolets et carabines,
« lesquels n'ont rendu autre combat que de crier aux armes. Le d. Sr de
« Clereau ne leur a fait aultre effort que de les désarmer, leur a laissé
« leur bagage de chevaux et les a mis ès mains de M. Delorme (?) qui
« les a mené ce matin au d. sieur comte, afin de pourvoir au chastiment
« d'une telle assemblée illicite. Un habitant de la paroisse Saint-Loup
« leur a porté leurs armes dans des poches du d. lieu. Au même temps
« de cette expédition, quatre carabins faisaient retirer les bateaux de la
« Pointe au Loup et du port de la Sale de Chécy du costé de la So-
« longne, afin que aucun ne puisse passer au d. Jargueau. Nous conti-
« nuerons chacun jour de pourvoir et dissiper telles assemblées. Je vous
« prie d'avoir soing d'envoyer demain du pain de munition... »
(2) *Mercure de France*, 1621.

avaient envoyé son frère pour solliciter promptement des secours à Gien, Châtillon-sur-Loire et Sancerre. Ils avaient aussi envoyé un exprès vers le Vidame de Chartres, et, sur le bruit public, des rassemblements commençaient à se former sur le côté droit du fleuve (1). Soit faute de nouvelles sur l'effet de leurs démarches depuis l'investissement, soit qu'ils eussent compris l'impossibilité finale de la résistance, Boubiers, Damours, Dumesnil, le Ministre et le Consistoire députèrent, le 22 mai, vers le comte de Saint-Pol, dont le quartier général était à Chenailles, et entamèrent les négociations pour la reddition de la ville. Ils demandèrent pour la garnison des indemnités s'élevant à la somme de 22 ou 24,000 livres. D'après le montant des quittances partielles que nous avons relevées aux Archives municipales d'Orléans, il faudrait admettre le chiffre de 22,000 livres, savoir :

A Damours et Dumesnil pour le dédommagement de leurs charges . . . . 4.000 l.

A Boubiers, pour dédommagement de sa charge   8.400,

A Damours, Dumesnil, Beaupré et Chabozelais pour montres 6.600

A Damours et Dumesnil pour recrues de leurs compagnies. 3.000

Total . . . . 22.000 l.

Mais un mandement général du comte de Saint-Pol porte 24.000 livres, et ce chiffre est confirmé par d'autres documents (2).

Ces indemnités furent accordées à charge, par Boubiers et

---

(1) Le mouvement se propagea très loin. « Des protestants du Vendômois vinrent au secours de leurs coreligionnaires de Jargeau, Saint-Pol les mit en fuite à Marchenoir » (Manuscrit du Grand-Séminaire d'Orléans).

(2) V. Pièces subséquentes ou annexes. Peut-être y aurait-il lieu d'accorder ces divergences en comprenant les 2,000 livres qui furent versées à la garnison catholique.

les autres capitaines, de sortir avec leurs troupes dès le lendemain 23 mai. Des assurances furent données aux habitants pour l'exercice libre de leur religion conformément aux édits ; et même, d'après un document protestant, promesse aurait été faite qu'on n'apporterait pas d'innovation ni changement dans le lieu accoutumé (1).

La capitulation était convenue, et la cavalerie qui était sur la rive gauche, après une longue garde, faisait manger ses chevaux, « vers deux heures de soleil » (deux heures depuis le coucher du soleil), quand soudain Montchrestien (2), avec

(1) Extrait de la réponse des délégués protestants de Jargeau aux doléances du clergé. 6 mai 1623. Arch. dép. du Loiret : « Il vous plaira remarquer davantage qu'au mois de may 1621 nos seigneurs le comte de Saint-Pol, mareschal de Vitry avec Monsieur le révérend evesque d'Orléans et autres seigneurs vinrent mettre hors la garnison de la d. religion qui y estait establie par le roy, les d. seigneurs firent promesse aux d. de la religion de ne rien innover ni changer en leur exercice, ainsi leur permettre librement et faire au mesme lieu où ils avaient accoustumé, et not⁺ le d. evesque leur jura foy de prélat et de chrestien qu'ils n'y seraient aucunement molestés, comme de fait en la présence des d. seigneurs, conte et evesque fut presché librement par plusieurs fois, mesme leur donnaient des gardes pour les conserver, et ont ainsy jouy jusques au mois de novembre dernier, sans que le d. seigneur evesque s'en soit plaint ny formalisé. »

(2) Anthoine de Montchrestien, sire de Watteville, né en 1575, fils d'un apothicaire de Falaise, cultiva la poésie et l'économie politique au milieu d'une vie agitée de procès, de duels et de proscription. Réfugié en Angleterre pour échapper à un procès criminel à la suite de duel, il obtint sa grâce, rentra en France et se fixa à Ousonne-sur-Loire, puis à Châtillon-sur-Loire où il fabriquait de l'acier. C'est à ce moment qu'on le voit figurer au siège de Jargeau, puis au siège de Sancerre. Il fut tué peu de temps après, la même année, sur l'escalier d'une auberge, dans une escarmouche entre catholiques et protestants, au hameau de Tourailles, en Normandie. Les critiques admirent la grâce délicate de son style dans ses tragédies : *Sophonisbe* (1596), *Lacènes ou la Constance* (1600), *David ou l'Adultère* (1600), *Aman ou la vérité* (1601), *Hector* (1603), et enfin la plus célèbre, *L Écossaise* (1605), tirée de l'histoire de Marie Stuart et qui lui valut sa grâce. Son *Traité d'Économie politique* est considéré

deux cents hommes de secours, ayant descendu la Loire, mit pied à terre et se jeta dans la ville dont les portes lui furent ouvertes par les Protestants.

Le comte de Saint-Pol somma Boubiers d'exécuter la capitulation. Celui-ci se trouvait fort embarrassé. D'un côté, il avait donné sa parole et accepté le traité ; il avait obtenu pour lui, les capitaines et les soldats, des indemnités importantes ; la rébellion maintenue au mépris de la convention pouvait, au cas de reddition ultérieure, leur faire perdre ces avantages auxquels ils n'étaient pas indifférents et, bien plus, les exposer au pire des traitements. D'autre part, il recevait les reproches de Montchrestien qui lui montrait ses lettres et lui faisait observer l'exactitude du contingent de secours au rendez-vous. Les choses durèrent en l'état jusqu'au dimanche trois heures de l'après-midi. Enfin, les assiégés, ayant tenu conseil, reconnurent que, malgré le secours introduit, l'absence de munitions suffisantes et la faiblesse des fortifications imposaient la soumission. Ils remirent donc aussitôt la ville au représentant du roi. Les troupes de secours et la garnison en sortirent immédiatement. Le lieutenant du gouverneur, avant leur départ, s'empressa de toucher les indemnités promises ; elles furent avancées par la ville d'Orléans comme l'avaient été les sommes nécessaires au siège lui-même (1).

comme une des belles œuvres du temps. Le programme de l'auteur se résume en deux articles : protection et colonisation. C'est « un livre à lire. » (V. sur Montchrestien, Petit de Juilleville, *Notice bibliographique*; G. Lanson, *La Littérature française sous Henri IV*, Antoine de Montchrestien ; *La Revue des Deux-Mondes, 15 septembre 1891*, et enfin la monographie de M. Jolly). Il semble à M. Lanson que M. Montchrestien ait été catholique, quoique s'étant jeté dans la révolte des protestants.

(1) Pièces annexes. — La ville d'Orléans se procura les sommes nécessaires en les empruntant à plusieurs particuliers qui furent remboursés à l'aide de rentes constituées (d'argent produit par des). V. Arch. mun. Orléans CC. 399 : « ..... Suivant la délibération générale des habitants de ceste d. ville faicte en l'hostel commun, le jour d'hier

Boubiers se dirigea vers sa maison du Vendômois. Le comte
de Saint-Pol, accompagné du maréchal de Vitry, de plusieurs
seigneurs et de l'évêque d'Orléans, pénétra dans la ville. A
son entrée, il fut reçu par les chanoines, les officiers de justice, les échevins et les habitants catholiques. Un *Te Deum*
d'actions de grâces fut chanté dans l'église jadis dévastée
par les Protestants, et les assistants louèrent Dieu qui les
avait délivrés « d'une si longue détention de leur ville ». Le
comte de Saint-Pol y laissa quatre cents hommes de garnison
à qui il fit avancer 2,000 livres par les échevins d'Orléans (1).
Une garnison catholique à Jargeau était alors utile pour
rassurer les habitants catholiques et leur ôter toute crainte
d'une nouvelle tentative des religionnaires ; de plus, elle per-

(24 mai 1621) ayant par icelle pouvoir et puissance pour et au nom des
d. habitants prendre deniers à rente jusques à la somme de 27,000 tz de
principal à la meilleure condition que faire se pourra pour rembourser
les particuliers habitans de ceste d. ville du prest par eulx fait aus d.
maire et eschevins pour subvenir à partir de faire la convenu faire à
l'occasion du siège mis devant la ville de Jargueau par Monseigneur le
comte de Saint-Pol que à la récompense demandée par ceulx qui commandaient à la garnison qui estait au d. Jargeau de la quelle somme en
a esté paié par les délégués des d. maire et eschevins aux d. cap^nos et
soldats de la garnison, vingt quatre mil livres, suivant la capitulation
faicte par mon d. seigneur... » V. sur la libération du gouvernement
royal envers la ville d'Orléans (Arch. mun. Orléans, CC. 209), les lettres
patentes de Louis XIII informant la Cour des comptes que certaines
sommes en souffrance dans le compte de Jean Boulard, receveur général
des finances, ont été accordées à cette ville pour les frais faits au siège
de Jargeau.

(1) « Nous, François d'Orléans, etc....., nous leur ordonnons de paier et
advancer la somme de deux mil livres pour estre promptement départye
et délivrée aux capitaines et soldats de la nouvelle garnison establye en
la d. ville de Jargueau pour la maintenir en toute seureté sous l'obéissance de Sa Majesté, ce qui a esté faict par les d. maire et eschevins
d'Orléans pour leur servir nostre présente ordonnance de descharge et
acquit de la d. somme deux mil livres. Fait au d. Jargueau, ce XXIIIe may
1621. »

mettait de surveiller de plus près leurs assemblées à Sully (1).

Dumondé avait fait mettre Saint-Denis en tel état que le comte de Saint-Pol avait pu s'y établir quand il était venu sommer les capitaines huguenots de lui livrer la place. Mais la destruction du fort n'avait été cependant que partielle et les autres fortifications élevées depuis 1588, soit au dedans, soit au dehors de Jargeau, en admettant qu'elles eussent été entamées, étaient encore debout. Le Pouvoir royal résolut de les faire disparaître. Ordre fut donné aux habitants de la ville et des paroisses d'alentour de venir travailler à la destruction complète de ces fortifications sur les deux rives du fleuve. Les échevins d'Orléans surveillèrent de près ce travail qui fut exécuté dans les années 1621 et 1622. Toutes les communes ne répondirent pas avec empressement aux ordres donnés. Et cela s'explique facilement, à cause de la distance, pour Saint Benoit-sur-Loire, Germigny, Sandillon, Olivet, Chanteau, Semoy, Boigny, Saint-Cyr et Saint-Denis-en-Val.

Le lundi 21 novembre 1622, sur les neuf heures du soir, quelques soldats et habitants se mirent à démolir le temple. Plusieurs Protestants, avertis de ce qui se passait, se rendirent au logis de Dumondé, pour se plaindre de cet acte de destruction et en arrêter la continuation. Précisément, à ce moment, les échevins de Jargeau se trouvaient réunis chez le

(1) Arch. mun. Orléans, II, 32.

Lettre des maire et échevins d'Orléans au comte de Saint-Pol.

« Monseigneur, les advis nous sont fréquentz que Madame de Sully donne journellement l'entrée à ceulx de la Relligion dedans son chasteau, de sorte que sy ilz continuent facillement ils s'empareront de la ville (Sully). C'est pourquoy le remedde prompt y est nécessaire comme vostre grandeur le peult juger. Car la perte de la ville sera importante pour le service du roy et aussi pour ceste province à cause des incommoditez qu'elle en recepvra. Il est bien besoin que ceulx de Jargueau se tiennent sur leurs gardes et nous pareillement..... » La soumission de Gien, Châteauneuf et Sully, et la conversion du fils du grand Sully enlevèrent ce souci au comte de Saint-Pol.

bailli. Il nous semble évident, par leur conduite, qu'ils étaient
au courant de cette démolition et que tout au moins bailli
et échevins laissaient faire. Loin de s'émouvoir en effet de
cette communication relative au temple, Dumondé répondit
tranquillement aux Protestants « qu'il n'avait ny commandement de le faire abattre ny de l'empescher et qu'il ne l'em-
pescherait nullement, leur commandant eux retirer en leurs
logis et qu'ils feraient bien affin de ne le mettre davantage en
colère ». Craignant des actes de violence envers leurs personnes, les plaignants se conformèrent à cet ordre. La démolition fut achevée pendant la nuit « jusques au carreau et
fondemens ». Des religionnaires, natifs de Jargeau, se virent dans l'obligation de s'éloigner. — Le 22 janvier suivant,
des gens apostés aux portes de la ville s'opposèrent à ce que
les gentilshommes des lieux circonvoisins et autres entrassent
dans la cité pour assister au prêche, sans doute dans la demeure de l'un de leurs coreligionnaires. L'ordre ne fut pas
exhibé. — Le 27 avril 1623, le bailli, accompagné d'habitants
et de soldats, se rendit au lieu où les protestants se rassem-
blaient depuis le 21 novembre 1622 et il les obligea à se disperser. — Le dimanche suivant, il réunit des soldats de la
garnison et quelques habitants et les mit aux portes de la
ville pour empêcher la noblesse protestante et autres étrangers de tenter une nouvelle assemblée. Un notaire des faubourgs s'efforça d'entrer quand même, mais, menacé d'être
conduit en prison, il se retira.

On s'explique facilement dans quel état d'agitation devaient
être de part et d'autre les esprits. Les gentilshommes protestants, les Rosny, les Saint-Mesmin, les de Guéribalde, con-
servaient du crédit à la Cour. Ils portèrent plainte. Le
30 mars 1623, par une lettre datée de Saint-Ay, Mgr Gabriel
de l'Aubespine, évêque d'Orléans, donnait avis aux députés
de son clergé que des commissaires députés devaient se rendre
prochainement à Jargeau. Il leur rappelait que la ville de
Jargeau avait été remise momentanément par Henri III aux

mains du roi de Navarre, le futur Henri IV, pour la garde de ses malades, mais qu'il ne devait y avoir qu'un lieu de prêche dans le bailliage d'Orléans et que ce lieu ne pouvait être Jargeau, ville ayant justice épiscopale. Le prélat ne doutait pas cependant du rétablissement du prêche, à cause sans doute de la récente capitulation. Mais il insistait pour que le syndic du clergé catholique s'opposât à ce rétablissement du prêche dans l'intérieur de la ville. Le meilleur lui semblait être qu'il fût concédé « au faubourg du Berry qui est souloigne » (1). Un commissaire du Roy (2) se rendit en effet au mois de mai à Jargeau et logea à l'hôtel de l'Ecu. Nicolas-François s. de Jouy, maire, les échevins et les députés du clergé d'Orléans y furent de leur côté. Ils se réunissaient à l'hôtel de la Croix-Blanche, pour délibérer sur leurs vues communes, avec le bailli, les échevins et les chanoines de Jargeau. Ils avaient pour adversaires les Anciens et les principaux du protestantisme local. Nous possédons aux Archives départementales deux pièces de la procédure suivie : l'une est la requête signifiée par les Protestants et datée du 5 mai 1623, l'autre est leur réponse aux doléances des catholiques. Autant qu'on en peut inférer, ceux-ci invoquaient les circonstances de la reddition de Jargeau sous Henri III, le fait que Jargeau était lieu de justice épiscopale, l'absence de ce nom pour l'état des deniers que le Roy voulait être payés pour la solde des gens de guerre dans les places baillées à ceux de la religion prétendue réformée, les termes de l'Edit de réduction de la ville d'Orléans, les troubles, faits de rapine et autres exécutés continuellement par l'ancienne garnison huguenote. Les Protestants répondaient, en se fondant d'abord sur l'état de possession ancien qui, bien que Jargeau ne fût pas lieu de bailliage, était, d'après leur interprétation des Edits, un solide fondement de leurs droits. Du jour où, sous le roi

(1) *Arch. dép. Loiret.*
(2) Ce fut, d'après la lettre de l'évêque, M. Amelot.

Henri III, le gouverneur Du Faur et le sieur d'Hagran-
ville, maréchal de camp dans l'armée du roi de Navarre,
avaient occupé la ville, l'exercice du culte avait continué. Le
temple avait été construit sans opposition de l'évêque d'Orléans. L'exercice du culte protestant n'avait lieu que les di-
manches, jeudis et fêtes, jours auxquels ne siégait aucune justice. Les Protestants invoquaient aussi que, dans la déclaration
royale du 15 mai 1598, figurait la garnison de Jargeau pour
830 écus et 180 hommes, et Jargeau n'était pas compris dans
ces exceptions du brevet royal de la même année qui entrai-
naient suppression de garnisons protestantes. Ils prétendaient
que l'édit de réduction d'Orléans était, sur ce point en litige,
abrogé par les édits postérieurs. Ils arguaient des promesses
que leur auraient faites, après la reddition de 1621, l'Evêque
d'Orléans et le comte de Saint-Pol. Ils faisaient appel au dé-
sir de pacification manifesté par le Roi et croyaient s'y conformer en sollicitant l'oubli pour les abus et surcharges commis
à Jargeau par les soldats de leur religion.

Je n'ai pu connaître la sentence rendue. Mais je constate, à
l'aide de documents postérieurs, qu'elle désigna pour empla-
cement du prêche un lieu situé dans le faubourg Berry, sur
le bord du grand chemin de Jargeau à Tigy, près d'une croix
dressée devant laquelle s'arrêtaient les processions catholiques et qui était probablement la Croix rouge. Les Protestants
ne voulurent pas accepter cette désignation. Ils firent valoir
que ce lieu, propriété de l'un d'eux, Isaac Lucas, était exposé
aux inondations, sujet à réversion, et qu'il n'y avait là
aucune maison où pourraient se retirer ceux qui viendraient
au prêche.

La destruction du temple, le litige pendant sur l'emplace-
ment où il pourrait être reconstruit, peut-être aussi des difficultés pécuniaires avaient amené Home à quitter Jargeau pour
aller exercer le ministère à Chilleurs.

Les députés de Jargeau représentèrent au Synode de Mer
les plaintes de leur église sur cet abandon du troupeau par le

pasteur, mais la Compagnie jugea que la « misère des temps »
donnait « quelque excuse au départ du d. Sr Home hors de
Jargeau » (1).

Plaintes ayant été portées aux députés généraux (2), les
Lettres patentes, données à Saint-Germain le 17 octobre 1623,
commirent Pierre-François de Beauharnais, lieutenant général du bailliage d'Orléans, et lui enjoignirent, après s'être
adjoint un membre de la religion prétendue réformée, de se
transporter à Jargeau pour « procéder au rétablissement de
« l'exercice de la dite religion au lieu ci-devant désigné, ou,
« en cas d'empeschement légitime, en tel aultre lieu du dict
« faubourg » que le Commissaire jugerait convenable « et à
« pareille distance selon les formes prescriptes par les édicts
« et déclarations faictes en faveur des d. subjects de la dicte
« religion ». Le lieutenant-général choisit pour adjoint Pierre
Gaude, procureur à Orléans. Ils se transportèrent à Jargeau
le 30 octobre. Devant eux comparurent les parties adverses (3).

(1) Synode de Mer ouvert le 4 mai (1628). Figurèrent à ce Synode
Home comme pasteur de Chilleurs, Du Bruel et Pailleron comme anciens de Jargeau. On lit dans les actes : « Quant à l'Eglise de Jargeau
elle sera pourvue d'un pasteur à sa réquisition et les comptes qu'elle a à
faire avec le sieur Home se rendront au consistoire de l'église d'Orléans.
Quant au s. Home et à la pension qu'il prétend lui estre due par l'église
de Jargeau a esté ordonné qu'elle luy satisfera de sa pension jusqu'au
mois de juing, inclusivement, et quant à la portion afférente, etc... »
Le Synode décide encore que, quoique n'ayant pas de pasteur, l'Eglise de
Jargeau, pour s'en pourvoir plus facilement, aura de sa part des deniers
de la libéralité du Roy depuis octobre 1621.

(2) V. Synode de Mer, 1623. Les députés de Jargeau y font allusion à
« l'ordonnance de MM. les commissaires de Sa Majesté qui les privent de
ces droits » (excercice dans la ville). La Compagnie les invite à se
pourvoir près du Roi par requête et à employer à cet effet les députés
généraux.

(3) Du côté des catholiques étaient Jean Dumondé, bailli, fils de Jacob,
Gilles Desbois et Paul Gaucher échevins de Jargeau, Nicolas Guyot
sous-doyen de Saint-Aignan et Nicolas Mascot pénitencier d'Orléans
députés du Clergé, Jacques Colas maire et François Lemaire conseiller

De part et d'autre on invoqua les mêmes raisons qui avaient déjà été discutées précédemment. Il est donc inutile de les reproduire ici. Mais la déclaration du bailli de Jargeau est particulièrement intéressante, dans la partie qui relate la diminution croissante du nombre des protestants à Jargeau et aux environs. La ville même ne contenait que 20 à 25 familles faisant profession du culte protestant. La moitié était originaire de Jargeau ; les autres s'y étaient retirés depuis peu d'années. Dans les environs, à trois lieues à la ronde, on ne comptait que les sieurs de Fay, de Férolles, et du Bruel et quatre ou cinq habitants de Châteauneuf. Le bailli faisait observer que le seul lieu où l'exercice du culte dissident était établi et pouvait l'être selon l'Edit de Nantes, Bionne, se trouvait seulement à deux lieues de Jargeau. Cette faible distance constituait une facilité suffisante pour le prêche et les cérémonies. Tandis que les protestants désiraient vivement leur prêche distinct, le bailli, au nom des catholiques, rappelait « le rude traitement qu'ils ont reçu pendant le temps « que le dit Dufort ou aultres et la garnison de la dicte reli- « gion prétendue réformée ont commandé ». Etablir même dans le faubourg un lieu d'assemblée religieuse, c'était faciliter des conciliabules politiques, peut-être même des tentatives de rébellion et tenir les catholiques « en perpétuelle crainte de surprise ». — Les députés du clergé et les maire et échevins d'Orléans ne furent pas moins énergiques dans leur opposition. Aux raisons juridiques ils ajoutèrent aussi des considérations de l'ordre politique : la crainte de voir renaître les anciennes alarmes causées aux Orléanais par les agissements des Protestants de Jargeau pendant les mouve-

au bailliage tous deux échevins d'Orléans. — Les Protestants étaient représentés par Jean Paris l'aisnel marchand, Jacob Maupin apothicaire, Estienne Maupin l'aisnel procureur, Daniel Argis, Bonadventure Bonpaillard, Pierre Desbois, aux quels s'étaient joints Paul de Peab, écuyer sieur de Fay-aux-Loge, Jean Baptiste de Guéribalde écuyer sieur du Bruel et Lancelot du Couldray écuyer sieur de Férolles.

ments de 1615 et 1616, et par les taxes et impositions que ces Protestants avaient indûment perçues sur la navigation de la Loire et qui avaient coûté à Orléans de 3 à 4,000 livres. Orléans n'avait-elle pas encore assez déboursé en 1621 pour être délivrée du voisinage incommode de la garnison de Jargeau qui avait impudemment ruiné les pays circonvoisins? Sous aucun prétexte, il ne fallait se prêter à la constitution d'un état de choses plein de menaces et capable de ramener les anciens maux à la faveur de circonstances imprévues. — Le Procureur du Roi conclut au sursis motivé sur les oppositions des partis qui avaient déclaré entendre se pourvoir devers le Roi ; si le commissaire entendait passer outre, il y avait lieu, en tout cas, de ne pas établir le prêche sur le grand chemin. — Le lieutenant-général de Beauharnais chercha un autre lieu dans la rue Creuse. Les Protestants, sans préjudice de leurs droits, requirent que l'exercice de leur culte fût établi à la Cherelle, propriété du sieur du Bruel. Les échevins de Jargeau protestèrent avec véhémence contre cette nouvelle désignation. Ils se fondaient sur l'érection d'une croix de procession en face la Cherelle et sur la situation de cette maison qui était à deux pas du grand chemin d'Orléans à Jargeau et que 150 toises séparaient des fossés de la ville. Que faire ? Le sursis s'imposait. De Beauharnais le prononça et indiqua que l'on pourrait construire le temple, sur la rive gauche, dans un faubourg, en un lieu que nous supposons être l'un de ceux qu'il avait visités. Le Conseil du Roi s'arrêta à ce parti ; de plus, il laissa aux Protestants le droit de préférer à ce lieu l'un de ceux qu'avait signalés l'évêque d'Orléans et qui, situés du même côté du fleuve, étaient encore plus distants de la ville.

Le comte de Saint-Pol, pendant son séjour à Paris, ne négligea pas cette affaire. Il s'efforça d'obtenir l'assentiment des Députés généraux protestants à l'admission de l'un des lieux proposés par l'évêque (1). La suite nous montrera que l'entente ne se fit pas. Les choses demeurèrent en suspens.

Cependant les Protestants ne se lassèrent pas dans leurs revendications. Ils en saisirent leur assemblée générale. On lit dans le *Cahier des plaintes et remonstrances faictes au Roy par les subjects de la religion réformée* (1625) : « Vous « plaise ordonner que l'exercice de la religion sera rétabli es « villes de Tours, Jargeau... », en un mot dans toutes les villes où il existait en 1620.

Ces doléances furent suivies des Lettres patentes du roi du 23 mars 1627. Elles ordonnaient d'entendre les plaintes respectives et d'aviser au rétablissement de l'exercice de la R. P. R. dans un faubourg de Jargeau. François de Beauharnais, lieutenant général du bailliage, remplit, comme en 1623, les fonctions de commissaire. Il eut pour adjoint Henry de

(1) *Arch. mun. d'Orléans*, II, 32.

« Messieurs, je ne me suis point imaginé que nous peussions empes« cher l'exercice de ceulx de la relligion au lieu qui leur a esté destiné « par le Commissaire ou en ung autre lieu de mesme costé et de pareille « distance comme il a cy-devant esté resolu. Toutes fois je n'auy pas « voullu pour cela perdre l'occasion de l'empescher et d'y contribuer tout « ce qui est de ma puissance. Mais toutes les ruisons qui ont esté repré« sentées sur ce subject, n'ayant pas esté assez fortes pour surmonter « les considérations particulières qu'il y a eu en ce rencontre et que la « résolution est prise que le temple de Jargeau sera basti aux endroicts « cy-dessus désignés, ou en l'un des trois autres lieux de la parroisse « dud. Jargeau nommez par M. d'Orléans, selon que ceulx de lad. relli« gion de Jargeau le voudront choisir, j'ay estimé, puisque cela est en « leur disposition, de parler aux depputez généraulx pour les faire con« sentir à prendre l'un des lieux nommés par M. d'Orléans qui sont plus « esloignés dud. Jargeau. Ils doivent venir me trouver demain pour « conférer de ceste affaire avec moy. S'il y a moyen, je les y porterai et « feray tout ce qui se pourra pour les en rendre capables. Car, je scay « que, si cela se peult, le service du Roy en recevra de l'advantage et « vous du contentement pour lequel je feray tousiours parroistre ma « bonne voblonté comme étant véritablement Vostre affectionné à vostre « service ». Signé : D'Orléans.

Aux échevins d'Orléans.   De Paris, premier décembre 1723.

Chartres, sieur de Clesles (1). Les parties se réunirent devant
lui (2). Les Protestants proposèrent le choix d'une grange,
rue des Moulins, dans le faubourg de ce nom sis à l'Est. Nouvelle opposition des Catholiques qui soutinrent que ce lieu
était trop près de la Loire et que son adoption ferait renaître
les craintes manifestées en 1623. Le lieutenant général décida
qu'il ne pouvait passer outre aux oppositions avant qu'elles
aient été vidées devant les juges compétents. Il lui sembla
« que le dit presche pourrait être estably en quelque lieu qui
« serait recherché comme du costé de la Sologne au-delà de
« la justice et chastellenye de Jargeau qui ne s'étend dud.
« côté qu'à une demy-lieue de lad. ville de Jargeau. » C'était
indiquer, sans le nommer, le lieu de la Queuvre dont le seigneur faisait profession de protestantisme.

Ce fut là, en effet, que les Protestants de Jargeau durent se
résigner à avoir leur prêche (3). Le petit troupeau alla tou-

(1) Fils de Jacob de Chartres et d'Anne de la Vergne, marié en 1624
à Madeleine d'Harancourt, puis à Anne Go, il assista en 1644 comme
député au Synode national de Charenton (*France protestante*).

(2) Du côté des Protestants, étaient présents : Pierre Bonpaillard,
François Argis et Hector Paris, anciens ; Paul de Pean, sieur de Fay,
Jacques de Pean, Pierre et Lancelot du Couldray, écuyers sieurs de Fé-
rolles et de la Bretâche, Jacques Louis de Guéribalde, écuyer sieur des
Chapelles, demeurant au Bruel, Bonpaillard, écuyer sieur de Gaudin
(près Châteauneuf), Mathieu Margueritte, chirurgien à Châteauneuf. —
Du côté des Catholiques étaient : Jehan Dumondé bailli et Pierre Vallette
procureur fiscal, l'abbé de Saint-Euverte, le Pénitencier d'Orléans, etc.

(3) Encore fut-ce à titre de simple tolérance. V. Arch. dép. Loiret
B. 1385, un mémoire postérieur à la Révocation de l'Edit de Nantes. Il y
est dit : « que les habitans de Jargeau depuis la demolition de leur
« temple sont venus faire leur exercice à Bionne comme ceux d'Orléans
« et si ensuite ils se sont assemblés à la Queuvre pour leur commodité ça
« esté contre tout droit, le lieu de la Queuvre n'estant point et ne pou-
« vant estre un lieu d'exercice réel, mais au plus un exercice personnel
« où le seigneur ne pouvait assembler que ses suites et vassaux et non
« les habitans de Jargeau qui sont dans l'estendue de la Justice de Mon-
« sieur l'evesque d'Orléans, seigneur dud. Jargeau. »

jours en s'affaiblissant. Pendant un certain temps même, depourvu de guide, il eut pour pasteur en 1641 François de la Galère (V. Synode de Mer 1641), et en 1643 Jean-Louis de Jaussand (V. Synode de Mer en 1643). Au mois de mai 1643, de la Galère n'avait pas encore quitté Jargeau. Le Synode invita l'église de cette ville à lui donner un *témoignage* lorsqu'il délogera et lui défendit à lui-même de molester à l'avenir son successeur. Henri La Tané fut donné pour pasteur à Jargeau en 1660. Il n'y resta pas longtemps et en était parti probablement en 1661. Au mois de février 1661, le Consistoire de Jargeau sollicita de celui d'Orléans « qu'on lui octroyât le « ministère du sieur Perreaux pour donner exhortation à leur « église si longtemps destituée » (1). Le colloque de Marchenoir permit à Perreaux « de s'acheminer vers la Queuvre, « lieu de son exercice, pour donner l'imposition des mains au « sieur Bompart » qui avait été affecté à ce lieu comme pasteur. La cérémonie fut fixée au 14 août. Mais elle n'eut pas lieu, croyons-nous, malgré les instances des intéressés (2). En septembre, ils poursuivaient encore la réunion d'un colloque ou Synode « pour l'examen d'un proposant » sur lequel ils avaient jeté les yeux (3).

(1) Lettre du Consistoire d'Orléans et décision de ce Consistoire du 17 février 1661 (Arch. dép. Loiret, fonds non classé).

(2) Décision du Consistoire d'Orléans, 28 juillet 1661 (eod. loco).

(3) Décision consistoriale d'Orléans (eod. loco). « Le jeudi 28 septembre, « l'église de Mer ayant donné advis à cette église que l'église de Jargeau « faisait instance, afin qu'elle convoquât un colloque pour l'examen d'un « proposant sur lequel elle jettait les yeux que mesme Monsieur de « Chennilles leur avait envoié les expéditions de Monsieur le Gouverneur « de la Province donnant permission d'assembler ledit colloque sans que « l'église de Mer, qui a le droit de le demander, l'ait requis : ce qui luy « donnait de la peine à se résoudre de le convoquer, veu la procédure « toute extraordinaire. Mais qu'aiant considéré les inconvénients qui « pourraient en venir elle avait estimé à propos de ne refuser point ce « qui lui était accordé quoique à condition qu'il ne se traiterait d'aucune « autre affaire que de l'examen dudit proposant... La Compagnie sur le

Nous ne savons si le sieur Horrit fut le successeur médiat ou immédiat de Perreaux (1). Nous le trouvons comme pasteur à la Queuvre en 1667 (2). L'histoire du Protestantisme à Jargeau (établi sur le territoire de la Queuvre) ne présente plus de particularités marquantes. Il est question de legs et donations pour l'entretien du pasteur et au profit de l'église, de reddition de comptes, de nominations d'anciens, de choix d'un délégué pour les synodes provinciaux, enfin de l'application des décisions prises en 1666 par le synode de Mer sur les subventions aux académies protestantes et au collège de Châtillon (3). Le synode de Sancerre, en 1679, eut à s'occuper

« premier article a résolu d'escripre à l'église de Mer qu'encor que le
« procédé de la convocation du colloque fut fort étrange, contre lequel
« il y avait beaucoup de raisons à dire, que néanmoins, demeurant dans
« la résolution de ne point se mesler des affaires de l'église de Jargeau,
« elle laissait aux églises de cette classe d'y pourvoir selon qu'elles juge-
« raient convenable ».

(1) Jean Perreaux, ministre d'Orléans, avait été député au dernier synode national tenu à Loudun en 1659.

(2) Horrit fut député à plusieurs synodes provinciaux. En 1672 il fait remise à l'Eglise de Jergeau des 401 livres lui restant dues d'après compte « attendu une longue maladie qu'il a eue n'ayant peu servir la ditte église ». *Le bulletin de la société du Protestantisme français*, dans un article sur les Registres d'état civil de Châtillon-sur-Loing, nous le montre, avec cette qualité, à Jargeau en 1675 ; le nom d'un autre ministre, Richard Brazi, principal du collège, a été aussi relevé en 1675 avec le titre de ministre pasteur à Jargeau.

(3) V. « *Papier du consistoire de l'Eglise réformée de Gergeau qui se « recueille en la maison seigneuriale de la Queuvre* ». *Arch. dép. Loiret*, Série. E numéro 8 *bis*. Parmi les noms des anciens de cette Eglise, nous relevons Louis Bonpaillard, sieur de l'Estang (1673). Pierre Piozet marchand tanneur (1674). Adam Perrinet, secrétaire de la défunte reine, demeurant à Sully-sur-Loire, donna 300 livres à placer en rentes pour l'entretien du ministre (1675). Homme de lettres, secrétaire ordinaire de Marie de Médicis, ce personnage s'était attaché au duc de Sully, dans sa retraite à Sully-sur-Loire, et travailla avec lui à la rédaction des Mémoires de ce grand ministre. On sait que *l'Edition aux lettres vertes* fut imprimée au château de Sully. Il mourut, croyons-nous, en 1678. Il était

de la situation des protestants de Jargeau. Ils n'avaient plus
de lieu d'exercice par le motif bien simple que le propriétaire de la Queuvre n'était plus un de leurs coreligionnaires.
Le synode les réunit à ceux d'Orléans (1).

En vertu de la déclaration royale du 21 août 1684, et suivant jugement rendu par le bailli d'Orléans, l'hopital général
de cette ville fut mis en possession, dès l'année 1684, des
biens de l'église protestante de Jargeau. Ils étaient de peu
d'importance. On les employa partie à la subsistance des
pauvres de l'hopital général et des nouveaux catholiques de
Jargeau qui y furent admis, partie au soulagement d'autres
nouveaux catholiques qui ne quittèrent pas leur résidence.
Des revendications furent, au sujet de ces biens, élevées par
l'hôtel-Dieu de Châteauneuf-sur-Loire. Les administrateurs de
l'hopital général y répondirent 1° : que les biens avaient déjà
reçu leur emploi ; 2° que le Synode de Sancerre avait lui-
même prescrit leur réunion à ceux du Consistoire d'Orléans ;
3° et que dès lors le Roi en faisant don des biens de ce consistoire y avait nécessairement compris ceux de l'église de Jargeau ; 4° qu'enfin il ne s'agissait pas de choses provenant des

le neveu de David Perrinet, qui lutta contre Montchrestien à Sancerre
en 1621, et qui, après l'avoir enfermé dans une maison particulière,
obtint pour cette ville une capitulation honorable d'Henri de Bourbon II,
gouverneur de Bourges. (V. *Histoire de la ville de Sancerre*, Poupard,
Paris 1777.)

(1). «.... le sieur Horrit ministre ayant représenté que l'Eglise de Jargeau n'a plus de lieu pour faire ses exercices, ce qui l'a obligé à demander son congé et la liberté de se pourvoir dehors ou dedans la province,
la Compagnie apprenant avec beaucoup de douleur l'affliction de l'église
de Jergeau l'exhorte à travailler avec le plus de soing et de diligence
qu'il lui sera possible à chercher un lieu pour ses exercices par les moyens
que la providence de Dieu luy adressera. Et en attendant qu'elle puisse
rétablir ses assemblées elle se joindra avec celle d'Orléans » (sauf le
quartier de Sully réuni à Gien) et, au cas qu'il n'y eut pas d'apparence
du rétablissement de la d. église, la compagnie exhorte Horrit à se pourvoir vers le Consistoire d'Orléans.

libéralités du seigneur de la Queuvre, mais de libéralités faites par les protestants de Jargeau et des environs (1).

. Comme conséquence de cette confiscation, à la date du 4 janvier 1685, Ezechias Bonpaillard et Pierre Piozet « anciens de la religion prétendue réformée du d. Jargeau faisans leur exercice au temple de Bionne » représentèrent aux administrateurs de l'hopital général d'Orléans l'inventaire des contrats, obligations, indemnités et autres actes concernant « le bien du consistoire de l'église prétendue réformée dud. Jargeau qui se recueillait cy-devant à la Queuvre » (2). Ils n'avaient conservé dans la ville que leur cimetière (3).

Les 25 et 26 octobre 1685, le lieutenant général au Bailliage d'Orléans fit procéder, sous ses yeux, à la démolition du temple de Bionne (4). Les Protestants de Jargeau perdirent alors leur dernier lieu de réunion.

La révocation de l'Edit de Nantes eut lieu sans incident. L'histoire n'en a pas conservé le souvenir, du moins à notre connaissance. Le dernier ministre de Bionne, Pajon, mourut dans sa maison de Carré, à Saint-Jean-de-Braye, le 22 septembre 1685. Comme la plupart de leurs coreligionnaires, sa femme et ses enfants se convertirent au catholicisme (5). M. Douen, dans son ouvrage sur les Pasteurs du désert, ne signale pas leur action et leur passage même à Jargeau. Le Protestantisme s'y éteignit comme un feu sans aliment (6).

(1) *Arch. dép. Loiret,* B 1385.
(2) Paul Margueritte était ancien de Bionne en 1685.
(3) V. *Arch. dép. Loiret,* B 1385. Les anciens Bonpaillard et Piozet déclarent que leur église ne possède plus aucun immeuble à Jargeau « à la réserve d'une place qui est dans la ville... où estoit autrefois leur « temple et leur cimetière dont ils se servent actuellement pour enterrer « les corps des deffunts de la d. religion... »
(4) V. eodem loco.
(5) V. DUCHATEAU, *Histoire du diocèse d'Orléans.*
(6) V. au mot Buisson sur quelques réfugiés orléanais en Angleterre, dont un, au moins, était originaire des environs de la Queuvre (*France protestante*).

J'ai terminé l'histoire du Protestantisme à Jargeau.

Pour porter un jugement éclairé sur ces événements, il faut se pénétrer des idées du temps, avoir présent à l'esprit l'état de choses en France et à l'étranger, et suivre l'enchaînement des faits. L'impartiale histoire ne doit donc pas oublier que nos pères regardaient la foi religseuse comme le bien suprême et toute atteinte à son intégrité comme le pire des maux. Elle doit rappeler que, subissant eux-mêmes des violences, au xvi⁰ siècle, les Protestants en commirent de nombreuses contre les personnes, dévastèrent les campagnes, pillèrent et incendièrent les églises ; que, si sous Louis XIV ils furent des sujets soumis, ils avaient auparavant mis l'État en péril et que, là où ils avaient été maîtres, ils n'avaient pas pratiqué la tolérance. Elle doit regarder par delà les frontières et montrer que certaines mesures édictées par Louis XIV contre les Protestants ne dépassèrent pas les rigueurs ordonnées à l'étranger contre les Catholiques.

ANNEXES

1

(Archives municipales. Orléans)

Estat de la despence faicte au siège de Jargueau par les députés de Messieurs les maire et eschevins de la ville d'Orléans auquel commmandait Monseigneur le comte de Saint-Pol jusqu'à la réduction dud. Jargueau en l'obéissance de Sa Majesté selon qu'il est particulièrement déclaré au présent Estat :

A Louis Chasteau pour avoir accomodé plusieurs mousquets et fourchettes . . . . XIX^l X^s

A Michel Morisset, mercier, dix-huit livres douze sols pour vente de balles, plomb et mesches, cy. XVIII^l XII^s

Pour la despense faite par les délégués de Messeigneurs les maire et eschevins, au siège dud. Jargueau, tant pour despense de bouche, loyers de chevaux, voiages de messagers et autres frais et a convenu faire . . . . C III^{xx} XVIII^l II^s

A Jehan Thierry et Nicolas Bourdin, la somme de treize livres pour avoir esté exprès en plusieurs endroits découvrir ce qui estait en la campagne, cy XIII^l

Au sieur Gourdin et Arobier-Godelle pour la conduite du pain de munition au d. Jargueau et à la distribution faicte d'icelluy aux soldats. . . . . . . VII^l V^s

A Michel Leblanc, pour avoir esté exprès ès ville de Sully, Gien, Chasteau regnard, Pithiviers, Janville et autres lieux pour descouvrir ce qui estait esd. villes et en la campagne. . . . . XXXVII^l

A Leger Averne, pour despenses extraordinaires faictes au voiage faict à Chenailles par M. de Poinville vers M. le comte de Saint-Pol estant au d. Chenailles . . . . VII^l VI^s

Au concierge de l'hostel commun pour frais
extraordinaires faicts au d. hostel commung pour
l'envoy faict de munition et vivre tant au d. Jar-
gueau et à Saint-Mesmin . . . . XI^l X^s VII^d

A Martin Thorin, charron, pour avoir faict tirer
et mettre hors de l'arsenac de l'estape devant le
logis de mon d. seigneur le canon du d. arsenac
pour le mener au d. Jargueau. . . . . XVIIII^l

A Thomas Grève, marchand boulanger, la somme
de trente-six livres pour le pain de munition par luy
fourny et qui a esté envoié au camp du d. Jargueau
pour le vivre des soldats. . . . . XXXVI^l

Au capitaine Jourdin, la somme de treize livres
dix-sept sols quatre deniers pour le rembourser
d'une dînée faicte au d. Jargueau par Messieurs
les eschevins, loyers de leurs chevaux et à colluy
du sieur de Saint-André, lieutenant du Guet, qui
était commandé à aller aud. Jargueau . . . . XIII^l XVII^s IV^d

. . . .
A cinq officiers de l'arsenac du d. Orléans pour
l'assistance par eulx faicte lors de l'enlevement du
canon et retour d'icelluy au d. arsenac. . . . . C^s

A Philippe Giry, voicturier, pour avoir ramené
et conduit le d. canon au d. arsenac. . . . . XI^l

A ung voicturier par terre pour la voicture par
faicte de ceste ville au d. Jargueau du pain de
munition pour le vivre des soldats. . . . . IX^l

Aux laquais du sieur de Villegomblin pour
deux voiages par luy faicts en ceste ville. . . . VI^l VIII^s

. . . .
Au sieur de Boubiers pour la conduitte par eau
et par terre de ses bagages du d. Jargueau en sa
maison au Vendosmois . . . . LX^l

Pour la despense faicte au d. Jargueau, par
M. Daniel-Paris et pour archers envoiés au d.
Jargueau . . . . XVII^l VII^s

Pour six poinssons esquels a esté mis le pain de
munition envoié au d. Jargueau. . . . . VI^l

Au sieur de Linthuy pour avoir esté en court
pour advertir Sa Majesté du reffuz que faisaient
ceulx du d. Jargueau de rendre la d. ville en l'o-
béissance de Sa Majesté. . . . . XL^l

Aux notaires de ceste ville qui ont faict promptement recouvrer la somme de 27,000 livres parisis constitués de rente des trésoriers qui l'ont fournye XLl

Au cocher du d. s. d'Orléans pour la conduicte en la carousse du d. s. des voiages faicts au d. Jargueau . . . . LXXIIᵉ

. . . .

Pour estats d'armes délivrées aux soldats des compagnies au d. siège de Jargueau qui n'estaient armés . . . . XIIIˣ VIIˡ XIIˢ

II

(Archives municipales. Orléans, C. C. 209)

« Nous, François, etc....., certiffions que les maire et eschevins de la ville d'Orléans ont par notre advis et en nostre présence fourny ce jour d'huy par leur depputez aux sieurs de Boubiers, Damours et Du Mesnil qui commandaient en la ville de Jargueau, la somme de vingt-quatre mil livres et pour les disposer à obéir au roy et sortir avecq leurs soldats de la d. ville ce qu'ils ont faict à l'instant dont les dicts maire et eschevins nous ont requis leur donner ceste présente attestation afin de par eulx se pourveoir par devers Sa Majesté pour le recouvrement de la d. somme et en tesmoing de ce nous l'avons signé et faict sceller du sel de nos armes en la d. ville de Jargueau ce jourd'huy vingt-quatrième jour de may mil six cens vingt un. (Signature).

IV

(Archives départementales. Loiret)

EXTRAITS DU REGISTRE DES BAPTÊMES DE BIONNE CONCERNANT JARGEAU
ET SES ENVIRONS

	BAPTISÉS	PARENTS (PÈRE ET MÈRE)	PARRAINS ET MARRAINES
1607	Jacques Avril.		Hector Vallée, fils de M. des Barreaux.
1621	Anne des Barreaux.	Hector des Barreaux, écuyer, sieur de Mérouville. Dlle Suzanne Bigot, sa femme.	
	Jehan Buisson.	Jehan Buisson. Rachel Mefloi.	Louis de Guéribalde, Sieur du Bruel.
1622	Estienne Lemaistre.	Samuel Lemaistre chirurgien à Gergeau.	Jean Berche. Marie de Bury.
	Gabriel Maupin.	Estienne Maupin le jeune, procureur à Jargeau.	
	Anne Granet.		François Argis, notaire royal.
1635	Suzanne Bonpaillard.	Pierre Bonpaillard. Jacquette Mesnager, sa femme.	
	Suzanne de Biziou.	Jehan de Biziou (1). Marie Bonpaillard, sa femme.	Pierre du Couldroy, Sieur de Férolles. Suzanne Bonpaillard.
1625	Elisabeth Maupin.	Estienne susnommé.	Pierre du Couldroy, susnommé.
	Charlotte Gaye.	Guy Gaye.	Charlotte de Saint-Mesmin (fille de M. de la Queuvre).
	Pierre Bonpaillard.	Jehan Bonpaillard. Elisabeth de Villiers (de l'église de Gergeau).	

(1) Jehan de Biziou, écuyer, sieur de Louzesses, commissaire ordinaire de l'artillerie de France, était, en 1618, gouverneur du château de Sully.

	BAPTISÉS	PARENTS (PÈRE ET MÈRE)	PARRAINS MARRAINES
1625	Marie de Villiers.	Mathieu de Villiers, sergent-royal à Châteauneuf.	
1626	Daniel Bonpaillard.	Pierre Bonpaillard.	Daniel Maupin. Jérôme Mesnager.
	Jacques du Couldroy.	Lancelot du Couldroy. Sieur de Férolles. Marie du Tertre, sa femme.	Jacques de Pean. Magdeleine de Louyne femme de M. de la Taille.
	Elisabeth Bonpaillard	Pierre Bonpaillard.	Guy Argis. Hélène Mazurai, femme de Daniel Maupin, apothicaire à Gergeau.
1627	François Gayo.	Guy Gayo. Marie de Bury, sa femme (de Gergeau).	M. de Chenailles, président au bureau des finances. Dlle de Launay, femme de M. de Guéribalde, sieur du Bruel.
1628	Hector Bonpaillard.	Jean Bonpaillard. Elisabeth de Villiers, sa femme, demeurant à Gergeau.	
	Daniel Maupin.	Daniel Maupin, susnommé.	Ezechias Margueritte. Jacquette Mesnager, femme de Pierre Bonpaillard.
1629	Marguerite Maupin.	Daniel susnommé.	De Guéribalde, sieur des Chapelles.
	Judith du Couldroy.	Lancelot du Couldroy, sieur de la Berthesche-Férolles. Marie du Tertre, sa femme susnommés.	Judith du Tertre, tante de l'enfant.
	Jacques Berche.	Jean Berche. Marie Chesneau, sa femme.	François Argis, susnommé.
	Jacques de la Bartoche.	Feu Jacques de la Bartoche. Magdeleine Sigonneau.	Daniel Argis, notaire à Jargeau.

BAPTISÉS	PARENTS (PÈRE ET MÈRE)	PARRAINS ET MARRAINES
1629 Jean Bonpaillard.	Jean Bonpaillard, chirurgien à Gergeau, susnommé.	
Elisabeth du Couldroy.	Pierre du Couldroy, sieur de Férolles. Esther de Louynes, sa femme.	
Suzanne Maupin.	Daniel Maupin, susnommé.	
François Argis.	Michel Argis. Marie Des Bois, sa femme.	Pierre Desboys et dame Suzanne Tassin, femme de François Argis, de l'église de Gergeau.
1632 Paul Berche.	Jean Berche. Marie Chesneau, susnommés.	
1635 Claude Paris.	Daniel Paris, de l'église de Gergeau. Esther Morisset, sa femme.	Jehanne Paris, de l'église de Gergeau.
1636 Marie Le Maistre.	Samuel Le Maistre le jeune, maistre chirurgien à Gergeau. Elisabeth Maupin, sa femme.	Pierre Olivier dit Lespine et Marie Garreau, tous deux de l'église de Gergeau.
Magdeleine Argis.	Jacques Argis. Magdeleine Lemaire, sa femme.	Samuel Le Maistre l'aisné, maistre chirurgien à Gergeau.
Magdeleine de Gueribalde. (baptisée au Bruel)	Jean de Guéribalde, chevalier, sieur de Boisgrenier. Magdeleine de Meaux, sa femme.	Paul de Guéribalde, chevalier, sieur du Bruel. Magdeleine de Boular, dame de Marigny.
1637 Anne Le Maistre.	Samuel Le Maistre, maître chirurgien à Gergeau. Elisabeth Desbois.	Jacques de Pean, écuyer, sieur de Vernillon. Anne Vallée, fille de défunt Mons. de Mérouville.

	BAPTISÉS	PARENTS (PÈRE ET MÈRE)	PARRAINS ET MARRAINES
1637	P. Desbois. Jehan Paris.	Pierre Desbois. Marie Paris. Jehan Paris. Marie Chesneau (de l'église de Gergeau).	

ORLÉANS. — IMP. PAUL PIGELET

9 782019 954673